LE
COLLIER
DE LA REINE

PAR

ALEXANDRE DUMAS.

VIII

PARIS
ALEXANDRE CADOT, ÉDITEUR,
32, RUE DE LA HARPE

1850

LE COLLIER DE LA REINE.

Ouvrages de Xavier de Montépin.

Confessions d'un Bohême	5 vol.
Les Chevaliers du Lansquenet	10 vol.
Les Viveurs d'autrefois	4 vol.
Pivoine	2 vol.
Les Amours d'un Fou	4 vol.

Sous presse.

Le Vicomte de Torcy.
Le Loup noir.
Brutus Leroy.
Les Étudiants de Paris.
Les Oiseaux de nuit.
Le Roman de la vie.
Gabriel.
Cyrano de Bergerac.

Ouvrages d'Alexandre Dumas fils.

La Dame aux camélias	2 vol.
Aventures de quatre femmes	6 vol.
Le docteur Servans	2 vol.
Le Roman d'une femme	4 vol.
Césarine	1 vol.

Sous presse.

Tristan le Roux.
Diane de Lys.
Les Amours véritables.

Impr. de E. Dépée, à Sceaux (Seine).

LE
COLLIER
DE LA REINE

PAR

ALEXANDRE DUMAS.

VIII

PARIS
ALEXANDRE CADOT, ÉDITEUR,
32, RUE DE LA HARPE.
—
1850

I

Le débiteur et le créancier.

Le cardinal regardait faire son hôte d'un air presque hébété.

— Eh bien ! fit celui-ci, maintenant que nous avons renouvelé connaissance, Monseigneur, causons, si vous voulez.

— Oui, reprit le prélat se remettant

peu à peu, oui, causons de ce recouvrement, que... que...

— Que je vous indiquais dans ma lettre, n'est-ce pas, votre éminence a hâte de savoir...

— Oh! c'était un prétexte, n'est-ce pas, à ce que je présume, du moins.

—Non, Monseigneur, pas le moins du monde, c'était une réalité, et des plus sérieuses, je vous assure. Ce recouvrement vaut tout-à-fait la peine d'être effectué, attendu qu'il s'agit de cinq cent mille livres, et que cinq cent mille livres c'est une somme.

— Et une somme que vous m'avez gracieusement prêtée, même, s'écria le cardinal en laissant apparaître sur son visage une légère pâleur.

— Oui, Monseigneur, que je vous ai prêtée, dit Balsamo ; j'aime à voir dans un grand prince comme vous une si bonne mémoire.

Le cardinal avait reçu le coup, il sentait une sueur froide descendre de son front à ses joues.

— J'ai cru un moment, dit-il en essayant de sourire, que Joseph Balsamo, l'homme surnaturel, avait emporté sa créance dans la tombe, comme il avait jeté mon reçu dans le feu.

— Monseigneur, répondit gravement le comte, la vie de Joseph Balsamo est indestructible, comme l'est cette feuille de papier que vous croyez anéantie.

La mort ne peut rien contre l'élixir de vie, le feu ne peut rien contre l'amiante.

— Je ne comprends pas, dit le cardinal à qui un éblouissement passait devant les yeux.

— Vous allez comprendre, Monseigneur, j'en suis sûr, dit Cagliostro.

— Comment cela ?

— En reconnaissant votre signature.

Et il offrit un papier plié au prince, qui, même avant de l'ouvrir, s'écria :

— Mon reçu !

— Oui, monseigneur, votre reçu, répondit Cagliostro, avec un léger sourire, mitigé encore par une froide révérence.

— Vous l'avez brûlé cependant, Monsieur, j'en ai vu la flamme.

— J'ai jeté ce papier dans le feu, c'est vrai, dit le comte, mais comme je vous l'ai dit, Monseigneur, le hasard a voulu que vous ayez écrit sur un morceau d'amiante, au lieu d'écrire sur un papier ordinaire, de sorte que j'ai retrouvé le reçu intact sur les charbons consumés.

— Monsieur, dit le cardinal avec une certaine hauteur, car il croyait voir dans la représentation de ce reçu, une marque de défiance, Monsieur, croyez-bien que je n'eusse pas plus renié ma dette sans ce papier, que je ne la renie avec ce papier; ainsi vous avez eu tort de me tromper.

— Moi, vous tromper, Monseigneur, je n'en ai pas eu un instant l'intention, je vous jure.

Le cardinal fit un signe de tête.

— Vous m'avez fait croire, Monsieur, dit-il, que le gage était anéanti.

— Pour vous laisser la jouissance calme et heureuse des cinq cent mille livres, répondit à son tour Balsamo, avec un léger mouvement d'épaules.

— Mais enfin, Monsieur, continua le cardinal, comment pendant dix années, avez-vous laissé une pareille somme en souffrance?

— Je savais, Monseigneur, chez qui elle était placée. Les évènements, le jeu, les voleurs, m'ont successivement dépouillé de tous mes biens. Mais sachant que j'avais cet argent en sûreté, j'ai patienté et attendu jusqu'au dernier moment.

— Et le dernier moment est arrivé ?

— Hélas ! oui, Monseigneur ?

— De sorte, que vous ne pouvez plus patienter ni attendre.

— C'est en effet, chose impossible pour moi, répondit Cagliostro.

— Ainsi vous me redemandez votre argent ?

— Oui, Monseigneur.

— Dès aujourd'hui.

— S'il vous plaît ?

Le cardinal garda un silence tout palpitant de désespoir.

Puis, d'une voix altérée :

— Monsieur le comte, dit-il, les malheureux princes de la terre n'improvisent point des fortunes aussi rapides que vous autres enchanteurs, qui commandez aux esprits de ténèbres et de lumières.

— Oh ! Monseigneur, dit Cagliostro, croyez bien que je ne vous eusse pas demandé cette somme si je n'avais su d'avance que vous l'aviez.

— J'ai cinq cent mille livres, moi! s'écria le cardinal.

— 30,000 livres en or, 10,000 en argent, et le reste en bons de caisse.

Le cardinal pâlit.

— Lesquels sont là dans cette armoire de Boule, continua Cagliostro.

— Oh! Monsieur, vous savez cela?

— Oui, Monseigneur, et je sais aussi tout ce qu'il vous a fallu faire de sacrifices pour vous procurer cette somme. J'ai ouï dire même que vous avez acheté cet argent deux fois sa valeur.

— Oh ! c'est bien vrai, cela.

— Mais...

— Mais ?... s'écria le malheureux prince.

— Mais moi, Monseigneur, continua Cagliostro, depuis dix ans, j'ai vingt fois failli mourir de faim ou d'embarras à côté de ce papier, qui représentait pour moi un demi-million ; et cependant, pour ne point vous troubler, j'ai attendu. Je crois donc que nous sommes à peu près quittes, monseigneur.

— Quittes, Monsieur, s'écria le prince ; oh ! ne dites pas que nous sommes quittes, puisqu'il vous reste l'avantage de m'avoir si généreusement prêté une somme de cette importance ; quittes ! oh non ! non ! je suis et demeurerai éternellement votre obligé. Seulement, monsieur le comte, je vous demande pourquoi vous, qui pouviez depuis dix ans me redemander cette somme, vous avez gardé le silence ? Pendant ces dix ans, j'eusse eu vingt occasions de vous rendre cet argent sans me gêner.

— Tandis qu'aujourd'hui ?... demanda Cagliostro.

— Oh ! aujourd'hui je ne vous cache point, s'écria le prince, que cette restitution, que vous exigez, car vous l'exigez, n'est-ce pas?

— Hélas! Monseigneur.

— Eh bien! me gêne horriblement.

Cagliostro fit de la tête et des épaules un petit mouvement qui signifiait : — Que voulez-vous, Monseigneur, cela est ainsi et ne peut être autrement.

— Mais vous qui devinez tout, s'écria le prince; vous qui savez lire au fond des cœurs, et même au fond des armoires, ce qui est quelquefois bien pis, vous n'en êtes probablement pas à apprendre pourquoi je tiens tant à cet argent, et quel est l'usage mystérieux et sacré auquel je le destine ?

— Vous vous trompez, Monseigneur, dit Cagliostro d'un ton glacial ; non, je ne m'en doute pas, et mes secrets, à moi, m'ont rapporté assez de chagrins, de déceptions et de misères, pour que je n'aille point m'occuper des secrets d'autrui, à moins qu'ils ne m'intéressent. Il m'intéressait de savoir si vous aviez de l'argent ou si vous n'en aviez pas, attendu que j'avais de l'argent à réclamer de vous. Mais sachant une fois que vous aviez cet argent, peu m'importait de savoir à quoi vous le destiniez. D'ailleurs,

Monseigneur, si je savais en ce moment la cause de votre embarras, elle me paraîtrait peut-être fort grave et tellement respectable que j'aurais la faiblesse de temporiser encore, ce qui, dans les circonstances présentes, je vous le répète, m'occasionnerait le plus grand préjudice. Je préfère donc ignorer.

— Oh! Monsieur, s'écria le cardinal dont ces dernières paroles venaient de réveiller l'orgueil et la susceptibilité, ne croyez pas au moins que je veuille vous appitoyer sur mes embarras personnels ; vous avez vos intérêts : ils sont représentés et garantis par ce billet ; ce billet est signé de ma main, c'est assez. Vous allez avoir vos cinq cent mille livres.

Cagliostro s'inclina.

— Je sais bien, continua le cardinal dévoré par la douleur de perdre en une minute tant d'argent péniblement amassé, je sais, Monsieur, que ce papier n'est qu'une reconnaissance de la dette, et ne fixe pas d'échéance au paiement.

— Votre éminence veut-elle m'excuser, répliqua le comte ; mais je m'en rapporte à la lettre de ce reçu, et j'y vois écrit :

« Je reconnais avoir reçu de M. Joseph Balsamo la somme de 500,000 livres, que je lui paierai sur sa première demande.

« *Signé*, Louis de Rohan. »

Le cardinal frissonna de tous ses membres ; il avait oublié non-seulement la dette, mais encore les termes dans lesquels elle était reconnue.

— Vous voyez, Monseigneur, continua Balsamo, que je ne demande pas l'impossible, moi. Vous ne pouvez pas, soit. Seulement, je regrette que votre éminence paraisse oublier que la somme a été donnée par Joseph Balsamo spontanément, dans une heure suprême ; et cela à qui, à M. de Rohan, qu'il ne connaissait pas. Voilà, ce me semble, un de ces procédés de grand seigneur que M. de Rohan, si grand seigneur de toute manière, eût pu imiter pour la restitution. Mais vous avez jugé que cela ne devait point se faire ainsi, n'en parlons plus ; je reprends mon billet. Adieu, Monseigneur.

Et Cagliostro ploya froidement le papier et s'apprêta à le remettre dans sa poche.

Le cardinal l'arrêta.

— Monsieur le comte, dit-il, un Rohan

ne souffre pas que personne au monde lui donne des leçons de générosité. D'ailleurs, ici, ce serait tout simplement une leçon de probité. Donnez-moi ce billet, Monsieur, je vous prie, afin que je le paie.

Ce fut Cagliostro alors qui, à son tour, parut hésiter.

En effet le visage pâle, les yeux gonflés, la main vacillante du cardinal semblaient émouvoir en lui une compassion très vive.

Le cardinal, tout fier qu'il fut, comprit cette bonne pensée de Cagliostro. Un moment il espéra qu'elle serait suivie d'un bon résultat.

Mais soudain l'œil du comte s'endurcit, un nuage courut entre ses sourcils froncés, et il tendit la main et le billet au cardinal.

M. de Rohan frappé au cœur, ne perdit pas un instant; il se dirigea vers l'armoire qu'avait signalée Cagliostro et en tira une liasse de billets sur la caisse des eaux et forêts; puis il indiqua du doigt plusieurs sacs d'argent, et tira un tiroir plein d'or.

— Monsieur le comte, dit-il, voici vos

cinq cent mille livres; seulement, je vous dois encore à cette heure deux cent cinquante autres mille livres pour les intérêts, en admettant que vous refusiez l'intérêt composé, qui ferait une somme plus considérable encore. Je vais faire faire les comptes par mon intendant et vous donner des sûretés pour ce paiement, en vous priant de vouloir bien m'accorder du temps.

— Monseigneur, répondit Cagliostro, j'ai prêté cinq cent mille livres à M. de Rohan. M. de Rohan me doit cinq cent mille livres, et pas autre chose. Si j'eusse désiré toucher des intérêts, je les eusse stipulés dans le reçu. Mandataire ou héritier de Joseph Balsamo, comme il vous plaira, car Joseph Balsamo est bien mort, je ne dois accepter que les sommes énoncées dans la reconnaissance ; vous me les payez, je les reçois et vous remercie, en vous priant d'accepter mes respectueuses révérences. Je prends donc les billets, Monseigneur, et comme j'ai instamment besoin de la somme tout entière dans la journée, j'enverrai prendre l'or et l'argent que je vous prie de me tenir prêts.

Et sur ces mots, auxquels le cardinal ne trouvait rien à répondre, Cagliostro mit la liasse de billets dans sa poche, salua respectueusement le prince, aux mains duquel il laissa le billet et sortit.

— Le malheur n'est que pour moi, soupira M. de Rohan, après le départ de Cagliostro, puisque la reine est en mesure de payer, et qu'à elle, au moins, un Joseph Balsamo inattendu ne viendra pas réclamer un arriéré de cinq cent mille livres.

II

Comptes de ménage.

C'était l'avant-veille du premier paiement indiqué par la reine. M. de Calonne n'avait pas encore tenu ses promesses. Ses comptes n'étaient point signés du roi.

C'est que le ministre avait eu beaucoup

de choses à faire. Il avait un peu oublié la reine. Elle, de son côté, ne pensait pas qu'il fût de sa dignité de rafraîchir la mémoire du contrôleur des finances. Ayant reçu sa promesse, elle attendait.

Cependant elle commençait à s'inquiéter et à s'informer, à chercher les moyens de parler à M. de Calonne sans compromettre la reine, quand un billet lui vint du ministre.

« Ce soir, disait-il, l'affaire dont Votre Majesté m'a fait l'honneur de me charger sera signée au conseil, et les fonds seront chez la reine demain matin. »

Toute sa gaîté revint aux lèvres de Marie-Antoinette. Elle ne songea plus à rien, pas même à ce lendemain si lourd.

On la vit même chercher dans ses promenades les plus secrètes allées, comme pour isoler ses pensées de tout contact matériel et mondain.

Elle se promenait encore avec Madame de Lamballe et le comte d'Artois qui l'avaient rejointe quand le roi entra au conseil après son dîner.

Le roi était d'une humeur difficile. Les nouvelles de Russie se présentaient mauvaises. Un vaisseau s'était perdu dans le golfe de Lion. Quelques provinces refusaient l'impôt. Une belle mappemonde, polie et vernie par le roi lui-même, avait éclaté de chaleur, et l'Europe se trouvait coupée en deux parties, à la jonction du 50° degré de latitude avec le 55° de longitude. Sa Majesté boudait tout le monde, — même M. de Calonne.

En vain, celui-ci offrit-il son beau portefeuille parfumé avec sa mine riante. Le roi se mit, silencieux et morose, à griffonner sur un morceau de papier blanc des *hachures* qui signifiaient : Tempête, — comme les *bonshommes* et les *chevaux* signifiaient beau temps.

Car la manie du roi était de dessiner pendant les conseils. Louis XVI n'aimait pas à regarder les gens en face, il était timide ; une plume à sa main lui donnait assurance et maintien. Pendant qu'il s'occupait ainsi, l'orateur pouvait développer ses arguments ; le roi, levant un œil furtif, prenait çà et là un peu du feu de ses regards, tout juste autant qu'il en fallait pour ne pas oublier l'homme en jugeant l'idée.

Parlait-il lui-même, et il parlait bien, son dessin ôtait tout air de prétention à son discours, il n'avait plus de geste à faire; il pouvait s'interrompre ou s'échauffer à loisir, le trait sur le papier remplaçait au besoin les ornements de la parole.

Le roi prit donc la plume, selon son habitude, et les ministres commencèrent la lecture des projets ou des notes diplomatiques.

Le roi ne souffla pas le mot, il laissa passer la correspondance étrangère, comme s'il ne comprenait pas une parole à ce genre de travail.

Mais on en vint au détail des comptes du mois; il leva la tête.

M. de Calonne venait d'ouvrir un mémoire relatif à l'emprunt projeté pour l'année suivante.

Le roi se mit à faire des hachures avec fureur.

— Toujours emprunter, dit-il sans savoir comment on rendra ; c'est pourtant un problème cela, monsieur de Calonne.

— Sire, un emprunt, c'est la saignée faite à une source, l'eau disparaît d'ici pour abonder là. Il y a plus, elle se voit doublée par les aspirations souterraines. Et d'abord, au lieu de dire comment paierons-nous, il faudrait dire : comment et sur quoi emprunterons-nous ? car le problème dont parlait Votre Majesté n'est pas avec quoi rendra-t-on, mais bien trouvera-t-on des créanciers ?

Le roi poussa les hachures jusqu'au noir le plus opaque ; mais il n'ajouta pas un mot : ses traits parlaient d'eux-mêmes.

M. de Calonne ayant exposé son plan, avec l'approbation de ses collègues, le roi prit le projet et le signa, bien qu'en soupirant.

— Maintenant que nous avons de

l'argent, dit M. de Calonne en riant, dépensons.

Le roi regarda son ministre avec une grimace, et de la hachure fit un énorme pâté d'encre.

M. de Calonne lui passa un état, composé de pensions, de gratifications, d'encouragements, de dons et de soldes.

— Le travail était court, bien détaillé. Le roi tourna les pages et courut au total.

— Un million cent mille livres pour si peu. Comment cela se fait-il ?

Et il laissa reposer la plume.

—Lisez, Sire, lisez, et veuillez remarquer que, sur les onze cent mille livres, un seul article est porté à cinq cent mille.

— Quel article? monsieur le contrôleur général.

— L'avance faite à Sa Majesté la reine, Sire.

— A la reine! s'écria Louis XVI.... Cinq cent mille livres à la reine! Eh! monsieur, ce n'est pas possible.

— Pardon, Sire; mais le chiffre est exact.

— Cinq cent mille livres à la reine ! répéta le roi. Il faut qu'il y ait erreur. La semaine dernière.. non, la quinzaine, j'ai fait payer le trimestre à Sa Majesté.

— Sire, si la reine a eu besoin d'argent — et l'on sait comment Sa Majesté en use, — il n'est point extraordinaire...

— Non, non! s'écria le roi qui éprouva le besoin de faire parler de son économie et de concilier quelques applaudissements à la reine quand elle irait à l'Opéra ; la reine ne veut pas de cette somme-là, monsieur de Calonne. La reine m'a dit qu'un vaisseau vaut mieux que des joyaux. La reine pense que si la France emprunte pour nourrir ses pauvres, nous autres riches, nous devons prêter à la France. Donc, si la reine a besoin de cet argent, son mérite sera plus grand de l'attendre ; et je vous garantis, moi, qu'elle l'attendra.

Les ministres applaudirent beaucoup cet élan patriotique du roi, que le divin Horace n'eût pas appelé *Uxorius* en ce moment.

Seul, **M.** de Calonne, qui savait l'embarras de la reine, insista sur l'allocation.

— Vraiment, dit le roi, vous êtes

plus intéressé pour nous que nousmêmes. Calmez-vous, monsieur de Calonne.

— La reine, Sire, m'accusera d'avoir été bien peu zélé pour son service.

— Je plaiderai votre cause auprès d'elle.

— La reine, Sire, ne demande jamais que forcée par la nécessité.

— Si la reine a des besoins, ils sont moins impérieux, je l'espère, que ceux des pauvres, et elle en conviendra toute la première.

— Sire...

— Article entendu, fit le roi résolument.

Et il prit la plume aux hachures.

— Vous biffez ce crédit, Sire? fit M. de Calonne consterné.

— Je le biffe, répondit majestueusement Louis XVI. Et il me semble entendre d'ici la voix généreuse de la reine, me remercier d'avoir si bien compris son cœur.

M. de Calonne se mordit les lèvres, Louis, content de ce sacrifice personnel héroïque, signa tout le reste avec une bonne foi aveugle.

Et il dessina un beau zèbre, entouré de zéros, en répétant.

— J'ai gagné ce soir cinq cent mille livres; une jolie journée de roi, Calonne; vous donnerez cette bonne nouvelle à la reine; vous verrez, vous verrez.

— Ah! mon Dieu! Sire, murmura le ministre, je serais au désespoir de vous ôter la joie de cet aveu. A chacun selon ses mérites.

— Soit, répliqua le roi. Levons la séance. Assez de besogne quand la besogne est bonne. Ah! voilà la reine qui revient; allons-nous au devant d'elle, Calonne?

— Sire, je demande pardon à Votre Majesté, mais j'ai ma signature.

Et il s'esquiva le plus promptement possible par le corridor.

Le roi alla bravement et tout épanoui au devant de Marie-Antoinette, qui chantait dans le vestibule, en appuyant son bras sur celui du comte d'Artois.

— Madame, dit-il, vous avez fait une bonne promenade, n'est-ce pas?

— Excellente, Sire, et vous, avez-vous fait un bon travail?

— Jugez-en, je vous ai gagné cinq cent mille livres.

— Calonne a tenu parole, pensa la reine.

— Figurez-vous, ajouta Louis XVI que Calonne vous avait porté sur le crédit pour un demi-million.

— Oh! fit Marie-Antoinette en souriant.

— Et moi... j'ai biffé. Voilà cinq cent mille livres de gagnées d'un revers de plume.

— Comment, biffé? dit la reine en pâlissant.

— Tout net ; cela va vous faire un bien

énorme. Bonsoir, Madame, bonsoir.

— Sire ! Sire !

— J'ai grand faim. Je rentre. N'est-ce pas que j'ai bien gagné mon souper ?

— Sire ! écoutez donc.

Mais Louis XVI sautilla et s'enfuit, radieux de sa plaisanterie, laissant la reine ébahie, muette et consternée.

— Mon frère faites-moi chercher M. de Calonne, dit-elle enfin au comte d'Artois, il y a quelque mauvais tour là-dessous.

Justement on apportait à la reine le billet suivant du ministre :

« Votre Majesté aura su que le roi avait refusé le crédit. C'est incompréhensible, Madame, et je me suis retiré du conseil, malade et pénétré de douleur. »

— Lisez, fit-elle, en passant le billet au comte d'Artois.

— Et il y a des gens qui disent que nous dilapidons les finances, ma sœur ! s'écria le prince. C'est là un procédé...

— De mari, murmura la reine. Adieu, mon frère.

— Recevez mes compliments de condoléance, chère sœur, me voilà averti, moi qui voulais demander demain.

— Qu'on m'aille quérir madame de La Mothe, dit la reine à madame de Misery, après une longue méditation, partout où elle sera et sur-le-champ.

III

Marie-Antoinette reine, Jeanne de La Mothe femme.

Le courrier qu'on expédia à Paris à madame de La Mothe, trouva la comtesse, ou plutôt ne la trouva pas chez le cardinal de Rohan.

Jeanne était allée rendre visite à Son Eminence, elle y avait dîné, elle y soupait, et s'entretenait avec lui de cette restitution malencontreuse, quand le coureur vint demander si la comtesse se trouvait chez M. de Rohan.

Le suisse, en habile homme, répondit que son Eminence était sortie et que madame de La Mothe n'était pas à l'hôtel, mais que rien n'était plus aisé que de lui faire dire ce dont la reine avait chargé son messager, attendu qu'elle viendrait probablement le soir à l'hôtel.

— Qu'elle se rende à Versailles le plus vite qu'il se pourra, dit le coureur, et il partit ayant semé le même avis dans tous les domiciles présumés de la nomade comtesse.

Mais à peine le messager fut-il parti, que le suisse, faisant sa commission sans aller bien loin, envoya sa femme prévenir madame de La Mothe chez M. de Rohan, où les deux associés philosophaient à loisir sur l'instabilité des grosses sommes d'argent.

La comtesse, à l'avertissement, comprit qu'il y avait urgence à partir. Elle demanda deux bons chevaux au cardinal, qui l'installa lui-même dans une berline sans armoiries, et tandis qu'il faisait force commentaires sur ce message, la comtesse roulait si bien qu'en une heure elle arrivait devant le château.

Quelqu'un l'attendait qui l'introduisit sans retard auprès de Marie-Antoinette.

La reine était retirée dans sa chambre. Le service de nuit tout fait, plus une femme dans l'appartement, excepté madame de Misery, qui lisait dans le petit boudoir.

Marie-Antoinette brodait ou feignait de broder, prêtant une oreille inquiète à tous les bruits du dehors, lorsque Jeanne se précipita au-devant d'elle.

— Ah! s'écria la reine, vous voici, tant mieux. Une nouvelle..., comtesse.

— Bonne! madame?

— Jugez-en. Le roi a refusé les cinq cent milles livres.

— A M. de Calonne ?

— A tout le monde. Le roi ne veut plus me donner d'argent. Ces choses-là n'arrivent qu'à moi.

— Mon Dieu ! murmura la comtesse.

— C'est à ne pas croire, n'est-ce pas, comtesse ? Refuser, biffer l'ordonnance déjà faite. Enfin, ne parlons plus de ce qui est mort. Vous allez vite retourner à Paris.

— Oui, Madame.

— Et dire au cardinal, puisqu'il a mis tant de dévoûment à me faire plaisir, que j'accepte ses cinq cents mille livres jusqu'au prochain trimestre. C'est égoïste de ma part, comtesse ! mais il le faut..., j'abuse.

— Eh ! madame, murmura Jeanne, nous sommes perdues. M. le cardinal n'a plus d'argent.

La reine fit un bond, comme si elle venait d'être blessée ou insultée.

— Plus... d'argent... balbutia-t-elle.

— Madame, une créance sur laquelle ne comptait plus M. de Rohan lui est revenue. C'était une dette d'honneur, il a payé.

— Cinq cent mille livres?

— Oui, Madame.

— Mais...

— Son dernier argent.... Plus de ressources!

La reine s'arrêta comme étourdie par ce malheur.

— Je suis bien éveillée, n'est-ce pas? dit-elle. C'est bien à moi qu'arrivent tous ces mécomptes? Comment savez-vous cela, comtesse, que M. de Rohan n'a plus d'argent?

— Il me contait ce désastre il y a une heure et demie, Madame. Ce désastre est d'autant moins réparable que les cinq cent mille livres étaient ce qu'on appelle le fond du tiroir.

La reine appuya son front sur ses deux mains.

— Il faut prendre un parti, dit-elle.

— Que va faire la reine ? pensa Jeanne.

— Voyez-vous, comtesse, c'est une leçon terrible, qui me punira d'avoir fait en cachette du roi une action de médiocre importance, de médiocre ambition ou de mesquine coquetterie. Je n'avais aucun besoin de ce collier, avouéz-le?

— C'est vrai, Madame, mais si une reine ne consultait que ses besoins et ses goûts...

— Je veux consulter avant tout ma tranquillité, le bonheur de ma maison. Il ne fallait rien moins que ce premier échec pour me prouver à combien d'ennuis j'allais m'exposer, combien était féconde en disgrâces la route que j'avais choisie, j'y renonce. Allons franchement, allons librement, allons simplement.

— Madame!

— Et pour commencer, sacrifions notre vanité sur l'autel du devoir, comme dirait M. Dorat.

Puis, avec un soupir :

— Ah! ce collier était bien beau, cependant, murmura-t-elle.

— Il l'est encore, Madame, et c'est de l'argent vivant, ce collier.

— Dès à présent, il n'est plus qu'un tas de pierres pour moi. Les pierres, on en fait, quand on a joué avec elles, ce que font les enfants après la partie de marelle, on les jette, on les oublie.

— Que veut dire la reine ?

— La reine veut dire, chère comtesse, que vous allez reprendre l'écrin apporté... par M. de Rohan..., le reporter aux joailliers Bœhmer et Bossange.

— Le leur rendre ?

— Précisément.

— Mais, Madame, Votre Majesté a donné deux cent cinquante mille livres d'arrhes.

— C'est encore deux cent cinquante

mille livres que je gagne, comtesse; me voilà d'accord avec les comptes du roi.

— Madame! Madame! s'écria la comtesse, perdre ainsi un quart de million! Car il peut arriver que les joailliers fassent des difficultés pour rendre des fonds dont ils auraient disposé.

— J'y compte et leur abandonne les arrhes, à condition que le marché sera rompu. Depuis que j'entrevois ce but, comtesse, je me sens plus légère. Avec ce collier sont venus s'installer ici les soucis, les chagrins, les craintes, les soupçons. Jamais ces diamants n'auraient eu assez de feux pour sécher toutes les larmes que je sens peser en nuages sur moi. Comtesse, emportez-moi cet écrin tout de suite. Les joailliers font là une bonne affaire. Deux cent cinquante mille livres de pot-de-vin, c'est un bénéfice ; c'est le bénéfice qu'ils faisaient sur moi, et, de plus, ils ont le collier. Je pense qu'ils ne se plaindront pas, et que nul n'en saura rien.

Le cardinal n'a agi qu'en vue de de me faire plaisir. Vous lui direz que mon plaisir est de n'avoir plus ce collier, et s'il est homme d'esprit il me comprendra ; s'il est bon prêtre, il m'approuvera et m'affermira dans mon sacrifice.

En disant ces mots, la reine tendait à Jeanne l'écrin fermé. Celle-ci le repoussa doucement.

— Madame, dit-elle, pourquoi ne pas essayer d'obtenir encore un délai ?

— Demander... non !

— J'ai dit obtenir, Madame.

— Demander, c'est s'humilier, comtesse ; obtenir, c'est être humiliée. Je concevrais peut-être qu'on s'humiliât pour une personne aimée, pour sauver une créature vivante, fût-ce son chien ; mais pour avoir le droit de garder ces pierres qui brûlent comme le charbon allumé sans être plus lumineuses et aussi durables, oh! comtesse, voilà ce que nul conseil ne pourra jamais me décider à accepter. Jamais! Emportez l'écrin, ma chère, emportez!

— Mais songez, Madame, au bruit que ces joailliers vont faire, par politesse, au moins, et pour vous plaindre. Votre refus sera aussi compromettant que l'eût été votre acquiescement. Tout le public saura que vous avez eu les diamants en votre pouvoir.

— Nul ne saura rien. Je ne dois plus rien à ces joailliers; je ne les recevrai plus; c'est bien le moins qu'ils se taisent pour mes deux cent cinquante mille livres ; et mes ennemis, au lieu de dire que j'achète des diamants un million et demi, diront seulement que je jette mon argent dans le commerce. C'est moins désagréable. Emportez, comtesse, emportez, et remerciez bien M. de Rohan pour sa bonne grâce et sa bonne volonté.

Et par un mouvement impérieux, la reine remit l'écrin à Jeanne, qui ne sentit pas ce poids entre ses mains sans une certaine émotion.

— Vous n'avez pas de temps à perdre, poursuivit la reine ; moins les joailliers auront d'inquiétude, plus nous serons assurées du secret ; repartez vite, et que nul ne voie l'écrin. Touchez d'abord chez vous, dans la crainte qu'une visite chez Bœhmer, à cette heure, n'éveille les soupçons de la police, qui certainement s'occupe de ce qu'on fait chez moi ; puis, quand votre retour aura dépisté les espions, rendez-vous chez les joailliers, et rapportez-moi un reçu d'eux.

— Oui, Madame, il en sera fait ainsi, puisque vous le voulez.

Elle serra l'écrin sous son mantelet, ayant soin que rien ne trahît le volume de la boîte, monta en carrosse avec tout le zèle que réclamait l'auguste complice de son action.

D'abord, pour obéir, elle se fit conduire chez elle, et renvoya le carrosse chez M. de Rohan, afin de ne rien dévoiler du secret au cocher qui l'avait conduite. Ensuite, elle se fit déshabiller pour prendre un costume moins élégant, plus propre à cette course nocturne.

Sa femme de chambre l'habilla rapidement et observa qu'elle était pensive et distraite durant cette opération, ordinairement honorée de toute l'attention d'une femme de cour.

Jeanne réellement ne songeait pas à sa toilette, elle se laissait faire, elle tendait sa réflexion vers une idée étrange inspirée par l'occasion.

Elle se demandait si le cardinal ne commettait pas une grande faute en laissant la reine rendre cette parure, et si la faute commise n'allait pas devenir un amoindrissement pour la fortune que M. de Rohan rêvait et pouvait se flatter d'atteindre, participant aux petits secrets de la reine.

Agir selon l'ordre de Marie-Antoinette sans consulter M. de Rohan, n'était ce pas manquer aux premiers devoirs de l'association ? Fût-il à bout de toutes ressources, le cardinal n'aimerait-il pas mieux se vendre lui-même que de laisser la reine privée d'un objet qu'elle avait convoité ?

— Je ne puis faire autrement, se dit Jeanne, que de consulter le cardinal.

— Quatorze cent mille livres ! ajouta-t-elle dans sa pensée ; jamais il n'aura quatorze cent mille livres !

Puis, tout-à-coup, se tournant vers sa femme de chambre :

— Sortez, Rose, dit-elle.

La femme de chambre obéit et madame de La Mothe continua son monologue mental.

— Quelle somme! quelle fortune! quelle radieuse vie, et comme toute la félicité, tout l'éclat que procure une pareille somme sont bien représentés par ce petit serpent en pierres qui flamboie dans l'écrin que voici.

Elle ouvrit l'écrin et se brûla les yeux au contact de ces ruisselantes flammes. Elle tira le collier du satin, le roula dans ses doigts, l'enferma dans ses deux petites mains en disant :

— Quatorze cent mille livres qui

tiennent là-dedans, car ce collier vaut quatorze cent mille livres argent réel, et les joailliers le paieraient ce prix encore aujourd'hui.

— Etrange destinée qui permet à la petite Jeanne de Valois, mendiante et obscure, de toucher de sa main la main d'une reine, la première du monde, et de posséder dans ses mains aussi, pour une heure il est vrai, quatorze cent mille livres, une somme qui ne marche jamais seule en ce monde, et que l'on fait toujours escorter par des gardiens armés ou par des garanties qui ne peuvent être moindres en France que celles d'un cardinal et d'une reine.

Tout cela dans mes dix doigts!...
Comme c'est lourd et comme c'est léger!

Pour emporter en or, précieux métal, l'équivalent de cet écrin, j'aurais besoin de deux chevaux ; pour l'emporter en billets de caisse..., et les billets de caisse sont-ils toujours payés ? ne faut-il pas signer, contrôler ? Et puis un billet, c'est du papier : le feu ; l'air, l'eau le détruisent. Un billet de caisse n'a pas de cours dans tous les pays ; il trahit son origine, il décèle le nom de son auteur, le nom de son porteur. Un billet de caisse après un certain temps perd une partie de sa valeur ou sa valeur entière. Les diamants, au contraire, sont la dure matière qui résiste à tout, et que tout homme connaît, apprécie admire et achète, à Londres, à Berlin, à Madrid, au Brésil même. Tous comprennent un diamant, un diamant surtout de la taille et de l'eau qu'on trouve dans ceux-ci ! Qu'ils sont beaux ! Qu'ils sont admirables ! Quel ensemble et quel détail ! Chacun d'eux détaché vaut peut-être plus, proportions gardées, qu'ils ne valent tous ensemble !

Mais à quoi vais-je penser, dit-elle, tout-à-coup ; vite prenons le parti soit d'aller trouver le cardinal, soit de rendre le collier à Bœhmer, ainsi que m'en a chargé la reine.

Elle se leva tenant toujours dans sa main les diamants qui s'échauffaient et resplendissaient.

— Ils vont donc rentrer chez le froid bijoutier, qui les pèsera et les polira de sa brosse. Eux qui pouvaient briller sur le sein de Marie-Antoinette... Bœhmer se récriera d'abord, puis se rassurera en songeant qu'il a le bénéfice et conserve la marchandise. Ah! j'oubliais! dans quelle forme faut-il que je fasse rédiger le reçu du joaillier? C'est grave, oui, il y a dans cette rédaction beaucoup de diplomatie à faire. Il faut que l'écrit n'engage, ni Bœhmer, ni la reine, ni le cardinal, ni moi.

Je ne rédigerai jamais seule un pareil acte. J'ai besoin d'un conseil.

Le cardinal... Oh ! non. Si le cardinal m'aimait plus ou s'il était plus riche et qu'il me donnât les diamants...

Elle s'assit sur son sofa, les diamants roulés autour de sa main, la tête brûlante, pleine de pensées confuses et qui parfois l'épouvantaient et qu'elle repoussait avec une énergie fiévreuse.

— Soudain son œil devint plus calme, plus fixe, plus arrêté sur une image de pensée uniforme ; elle ne s'aperçut pas que les minutes passaient, que tout prenaît en elle un aplomb désormais inébranlable ; que pareille à ces nageurs qui ont posé le pied dans la vase des fleuves, chaque mouvement qu'elle faisait pour se dégager la plongeait plus avant. Une heure se passa dans cette muette et profonde contemplation d'un but mystérieux.

Après quoi elle se leva lentement, pâlie comme la prêtresse par l'inspiration, et sonna sa femme de chambre.

Il était deux heures du matin.

— Trouvez-moi un fiacre, dit-elle, ou une brouette s'il n'y a plus de voiture.

La servante trouva un fiacre qui dormait dans la Vieille rue du Temple.

Madame de La Mothe monta seule, et renvoya sa camériste.

Dix minutes après, le fiacre s'arrêtait à la porte du pamphlétaire Réteaux de Villette.

IV

Le reçu de Bœhmer et la reconnaissance de la reine.

Le résultat de cette visite nocturne faite au pamphlétaire Réteaux de Villette, apparut seulement le lendemain Et voici de quelle façon :

A sept heures du matin, Madame de La Mothe fit parvenir à la reine une lettre qui contenait le reçu des joailliers. Cette pièce importante était ainsi conçue :

« Nous, soussignés, reconnaissons avoir repris en possession le collier de diamants vendu primitivement à la reine moyennant une somme de seize cent mille livres, les diamants n'ayant pas agréé à Sa Majesté qui nous a dédommagés de nos démarches et de nos déboursés par l'abandon d'une somme de deux cent cinquante mille livres, versée en nos mains.

Signé : BOEHMER ET BOSSANGE. »

La reine, alors tranquille sur l'affaire qui l'avait tourmentée trop longtemps, enferma le reçu dans son chiffonnier et n'y pensa plus.

Mais par une étrange contradiction, avec ce billet, les joailliers Bœhmer et Bossange reçurent deux jours après la visite du cardinal de Rohan, qui avait conservé, lui, quelques inquiétudes sur le paiement du premier solde convenu entre les vendeurs et la reine.

M. de Rohan trouva Bœhmer dans sa maison du quai de l'École. Depuis le matin, échéance de ce premier terme, s'il y eût eu retard ou refus, l'alarme devait être au camp des joailliers.

Mais tout, au contraire, dans la maison de Bœhmer respirait le calme, et M. de Rohan fut heureux de trouver bon visage aux valets, dos ronds et queue frétillante au chien du logis. Bœhmer reçut son client illustre avec l'épanchement de la satisfaction.

— Eh bien! dit le premier, c'était aujourd'hui le terme du paiement. La reine a donc payé?

— Monseigneur, non, répondit Bœhmer. Sa Majesté n'a pu donner d'argent.

Vous savez que M. de Calonne s'est vu refuser par le roi. Tout le monde en parle.

— Oui, tout le monde en parle, Bœhmer, et c'est justement ce refus qui m'amène.

— Mais, continua le joaillier, Sa Majesté est excellente et de bonne volonté. N'ayant pu payer, elle a garanti la dette et nous n'en demandons pas davantage.

— Ah! tant mieux, s'écria le cardinal; garanti la dette, dites-vous? c'est très bien; mais... comment?

— De la façon la plus simple et la plus délicate, répliqua le joaillier, — d'une façon toute royale.

— Par l'entremise de cette spirituelle comtesse, peut-être ?

— Non, Monseigneur, non. Madame de La Mothe n'a pas même paru, et voilà ce qui nous a beaucoup flattés, M. Bossange et moi.

— Pas paru ! la comtesse n'a pas paru?... Croyez bien qu'elle est pour quelque chose cependant dans ceci, monsieur Bœhmer. Toute bonne inspiration doit émaner de la comtesse. Je n'ôte rien à Sa Majesté, vous comprenez.

— Monseigneur va juger si Sa Majesté a été délicate et bonne pour nous. Des bruits s'étaient répandus sur le refus du roi pour l'ordonnancement des cinq cent mille livres ; nous autres nous écrivîmes à Madame de La Mothe.

— Quand cela ?

— Hier, Monseigneur.

— Que répondit-elle ?

— Votre Eminence n'en sait rien ? dit Bœhmer avec une imperceptible nuance de respectueuse familiarité.

— Non, voilà trois jours que je n'ai eu

l'honneur de voir madame la comtesse, repartit le prince en vrai prince.

— Eh bien ! Monseigneur, madame de La Mothe répondit ce seul mot : *Attendez!*

— Par écrit ?

— Non, Monseigneur, de vive voix. Notre lettre priait Madame de La Mothe de vous demander une audience et de prévenir la reine que le paiement approchait.

— Le mot *attendez* était tout naturel, repartit le cardinal.

— Nous attendîmes donc, Monseigneur, et hier au soir, nous reçumes de la reine, par un courrier très mystérieux, une lettre.

— Une lettre? à vous, Bœhmer?

— Ou plutôt une reconnaissance en bonne forme, Monseigneur.

— Voyons! fit le cardinal.

— Oh! je vous la montrerais, si nous ne nous étions juré, mon associé et moi, de ne la faire voir à personne.

— Et pourquoi?

— Parce que cette réserve nous est imposée par la reine elle-même, Monseigneur; jugez-en, Sa Majesté nous recommande le secret.

— Ah! c'est différent, vous êtes très heureux, vous, messieurs les bijoutiers, d'avoir des lettres de la reine.

— Pour treize cent cinquante mille livres, Monseigneur, dit le joaillier en ricanant, on peut avoir...

— Dix millions, et cent millions ne paient pas de certaines choses, Monsieur, repartit sévèrement le prélat. Enfin, vous êtes bien garantis ?

—Autant que possible, Monseigneur.

— La reine reconnaît la dette?

— Bien et dûment.

— Et s'engage à payer...

— Dans trois mois cinq cent mille livres; le reste dans le semestre.

— Et... les intérêts?

— Oh! Monseigneur, un mot de Sa Majesté les garantit. — « *Faisons*, ajoute Sa Majesté avec bonté, *faisons cette affaire entre nous; entre nous*, Votre Excellence comprend bien la recommandation; *vous n'aurez pas lieu de vous en repentir.* » Et elle signe! Dès à présent, voyez-vous,

Monseigneur, c'est pour mon associé comme pour moi une affaire d'honneur.

— Me voilà quitte envers vous, monsieur Bœhmer, dit le cardinal charmé ; à bientôt une autre affaire.

— Quand Votre Excellence daignera nous honorer de sa confiance.

— Mais remarquez encore en ceci la main de cette aimable comtesse...

— Nous sommes bien reconnaissants à Madame de La Mothe, Monseigneur, et nous sommes convenus, M. Bossange et moi, de reconnaître ses bontés, quand le collier, payé intégralement, nous aura remis en argent comptant.

— Chut! chut! fit le cardinal, vous ne m'avez pas compris.

Et il regagna son carrosse, escorté par les respects de toute la maison.

On peut maintenant lever le masque. Pour personne le voile n'est resté sur la statue. Ce que Jeanne de La Mothe a fait contre sa bienfaitrice, chacun l'a compris en la voyant emprunter la plume du pamphlétaire Reteaux de Villette. Plus d'inquiétude chez les joailliers, plus de scrupules chez la reine, plus de doute chez le cardinal. Trois mois sont donnés à la perpétration du vol et du crime ; dans ces trois mois, les fruits sinistres auront mûri assez pour que la main scélérate les cueille.

Jeanne retourna chez M. de Rohan, qui lui demanda comment s'y était prise la reine pour assoupir ainsi les exigences des joailliers.

Madame de La Mothe répondit que la reine avait fait aux joailliers une confidence ; que le secret était recommandé ; qu'une reine qui paie a déjà trop besoin de se cacher, mais qu'elle s'y trouve bien autrement forcée encore quand elle demande du crédit.

Le cardinal convint qu'elle avait raison, et en même temps il demanda si on se souvenait encore de ses bonnes intentions.

Jeanne fit un tel tableau de la reconnaissance de la reine, que Monsieur de Rohan fut enthousiasmé bien plus comme galant que comme sujet; bien plus dans son orgueil que dans son dévouement.

Jeanne, en menant cette conversation à son but, avait résolu de rentrer paisi-

blement chez elle, de s'aboucher avec
un marchand de pierreries, de vendre
pour cent mille écus de diamants, et de
gagner l'Angleterre ou la Russie, pays
libres, dans lesquels elle vivrait riche-
ment avec cette somme pendant cinq à
six années, au bout desquelles, sans
pouvoir être inquiétée, elle commen-
cerait à vendre avantageusement, en
détail, le reste des diamants.

Mais tout ne réussit pas à ses souhaits
Aux premiers diamants qu'elle fit voir à
deux experts, la surprise des Argus et
leurs réserves effrayèrent la vendeuse.
L'un offrait des sommes méprisables,

l'autre s'extasiait devant les pierres en disant qu'il n'en avait jamais vu de semblables, sinon dans le collier de Bœhmer.

Jeanne s'arrêta. Un pas de plus elle était trahie. Elle comprit que l'imprudence en pareil cas, c'était la ruine, que la ruine c'était un pilori et une prison perpétuelle. Serrant les diamants dans la plus profonde de ses cachettes, elle résolut de se munir d'armes défensives si solides, d'armes offensives si acérées, qu'en cas de guerre ceux-là fussent vaincus d'avance qui se présenteraient au combat..

Louvoyer entre les désirs du cardinal, qui chercherait toujours à savoir, entre les indiscrétions de la reine, qui se vanterait toujours d'avoir refusé, c'était un danger terrible. Un mot échangé entre la reine et le cardinal, et tout se découvrait. Jeanne se réconforta en songeant que le cardinal, amoureux de la reine, avait comme tous les amoureux un bandeau sur le front, et par conséquent tomberait dans tous les pièges que la ruse lui tendrait sous une ombre d'amour.

Mais ce piège, il fallait qu'une main habile le présentât de façon à y prendre les deux intéressés. Il fallait que si la reine découvrait le vol, elle n'osât se plaindre, que si le cardinal découvrait la fourbe, il se sentît perdu. C'était un coup de maître à jouer contre deux adversaires qui, d'avance, avaient toute la galerie pour eux.

Jeanne ne recula pas. Elle était de ces natures intrépides qui poussent le mal jusqu'à l'héroïsme, le bien jusqu'au mal. Une seule pensée la préoccupa dès ce moment, celle d'empêcher une entrevue du cardinal et de la reine.

Tant qu'elle, Jeanne, serait entre eux, rien n'était perdu ; si, en arrière d'elle, ils échangeaient un mot, ce mot ruinait chez Jeanne la fortune de l'avenir, échafaudée sur l'innocuité du passé.

— Ils ne se verront plus, dit-elle. Jamais.

Cependant, objectait-elle, le cardinal voudra revoir la reine ; il y tentera.

— N'attendons pas, pensa la rusée, qu'il y tente ; inspirons-lui-en l'idée. Qu'il veuille la voir ; qu'il la demande ; qu'il se compromette en le demandant.

— Oui, mais s'il n'y a que lui de compromis ?

Et cette pensée le jetait dans une perplexité douloureuse.

Lui seul étant compromis, la reine avait son recours ; elle parle si haut, la reine ; elle sait si bien arracher un masque aux fourbes !

Que faire ? Pour que la reine ne puisse accuser, il faut qu'elle ne puisse ouvrir la bouche ; pour fermer cette bouche noble et courageuse, il faut en comprimer les ressorts par l'initiative d'une accusation.

Celui-là n'ose, devant un tribunal, accuser son valet d'avoir volé, qui peut être convaincu par son valet d'un crime aussi déshonorant que le vol. Que M. de Rohan soit compromis par rapport à la reine, il est presque sûr que la reine sera compromise quant à M. de Rohan.

Mais que le hasard n'aille pas rapprocher ces deux êtres intéressés à découvrir le secret.

Jeanne recula tout d'abord devant l'énormité du rocher qu'elle suspendait sur sa tête. Vivre ainsi, haletante, effarée, sous la menace d'une pareille chute !

Oui, mais comment échapper à cette angoisse ? Par la fuite ! par l'exil, par le transport en pays étranger des diamants du collier de la reine.

S'enfuir ! chose aisée. Une bonne chaise se procure en dix heures ; l'espace d'un de ces bons sommeils de Marie-Antoinette ; l'intervalle que met le cardinal entre un souper avec des amis et son lever du lendemain. Que la grande route se développe devant Jeanne ; qu'elle offre ses pavés infinis aux pieds brûlants des chevaux, cela suffit. Jeanne sera libre, saine, sauve en dix heures.

— Mais quel scandale ! quelle honte ! Disparue quoique libre ; en sûreté quoique proscrite ; Jeanne n'est plus une femme de qualité, c'est une voleuse, une contumace, que la justice n'atteint pas, mais qu'elle désigne, que le fer du bourreau ne brûle pas, elle est trop loin, mais que l'opinion dévore et broie.

Non. Elle ne s'enfuira pas. Le comble de l'audace et le comble de l'habileté sont comme les deux sommets de l'Atlas, qui ressemblent aux jumeaux de la terre. L'un mène à l'autre ; l'un vaut l'autre. Qui voit l'un, voit l'autre.

Jeanne résolut de payer d'audace et de rester. Elle résolut cela surtout quand elle eût entrevu la possibilité de créer, entre le cardinal et la reine, une solidarité de terreur pour le jour où l'un ou l'autre voudrait s'apercevoir qu'un vol avait été commis dans leur intimité.

Jeanne s'était demandé combien, en deux ans, rapporterait la faveur de la reine et l'amour du cardinal; elle avait évalué le revenu de ces deux bonheurs à cinq ou six cent mille livres, après lesquelles le dégoût, la disgrâce, l'abandon, viendraient faire expier la faveur, la vogue et l'engouement.

— Je gagne à mon plan sept à huit cent mille livres, se dit la comtesse.

On verra comment cette âme profonde

fraya la route tortueuse qui devait aboutir à la honte pour elle, au désespoir pour les autres.

—Rester à Paris, résuma la comtesse, faire ferme en assistant à tout le jeu des deux acteurs; ne leur laisser jouer que le rôle utile à mes intérêts; choisir parmi les bons moments un moment favorable pour la fuite; que ce soit une commission donnée par la reine; que ce soit une véritable disgrâce qu'on saisirait au bond.

— Empêcher le cardinal de jamais communiquer avec Marie-Antoinette.

— Voilà surtout la difficulté, puisque M. de Rohan est amoureux, qu'il est prince, qu'il a droit d'entrer chez Sa Majesté plusieurs fois l'année, et que la reine, coquette, avide d'hommages, reconnaissante d'ailleurs envers le cardinal, ne se sauvera pas si on la recherche,

Ce moyen de séparer les deux augustes personnages, les évènements le fourniront. On aidera les évènements.

Rien ne serait aussi bon, aussi adroit que d'exciter chez la reine l'orgueil qui couronne la chasteté. Nul doute qu'une avance un peu vive du cardinal ne blesse la femme fine et susceptible. Les natures semblables à celles de la reine aiment les hommages, mais redoutent et repoussent les attaques.

Oui, le moyen est infaillible. En conseillant à M. de Rohan de se déclarer librement, on opérera sur l'esprit de Marie-Antoinette un mouvement de dégoût, d'antipathie, qui éloignera pour jamais, non pas le prince de la princesse, mais l'homme de la femme, le mâle de la femelle. Par cette raison, l'on aura pris des armes contre le cardinal, dont on paralysera toutes les manœuvres au grand jour des hostilités.

— Soit. Mais encore une fois, si l'on rend le cardinal antipathique à la reine, on n'agit que sur le cardinal ; on laisse rayonner la vertu de la reine, c'est-à-dire qu'on affranchit cette princesse, et qu'on lui donne cette liberté de langage qui facilite toute accusation et lui donne le poids de l'autorité.

Ce qu'il faut, c'est une preuve contre M. de Rohan et contre la reine ; c'est une épée à double tranchant qui blesse à droite et à gauche, qui blesse en sortant du fourreau, qui blesse en coupant le fourreau lui-même.

Ce qu'il faut, c'est une accusation

qui fasse pâlir la reine, qui fasse rougir le cardinal, qui, accréditée, lave de tout soupçon étranger Jeanne, confidente des deux principaux coupables. Ce qu'il faut, c'est une combinaison derrière laquelle, retranchée en temps et lieu, Jeanne puisse dire : Ne m'accusez pas ou je vous accuse, ne me perdez pas ou je vous perds. Laissez-moi la fortune, je vous laisserai l'honneur.

— Cela vaut qu'on le cherche, pensa la perfide comtesse, et je le chercherai. Mon temps m'est payé à partir d'aujourd'hui.

En effet, Madame de La Mothe s'enfonça dans de bons coussins, s'approcha de sa fenêtre, brûlée par le doux soleil, et en présence de Dieu, avec le flambeau de Dieu, elle chercha.

V

La Prisonnière.

Pendant ces agitations de la comtesse, pendant sa rêverie, une scène d'un autre ordre se passait dans la rue Saint-Claude, en face de la maison habitée par Jeanne.

M. de Cagliostro, on se le rappelle,

avait logé dans l'ancien hôtel de Balsamo, la fugitive Oliva, poursuivie par la police de M. de Crosne.

Mademoiselle Oliva, fort inquiète, avait accepté avec joie cette occasion de fuir à la fois la police et Beausire ; elle vivait donc, retirée, cachée, tremblante, dans cette demeure mystérieuse, qui avait abrité tant de drames terribles, plus terribles, hélas! que l'aventure tragi-comique de mademoiselle Nicole Legay.

Cagliostro l'avait comblée de soins et de prévenances : il semblait doux à la jeune femme d'être protégée par ce grand seigneur, qui ne demandait rien, mais qui semblait espérer beaucoup.

Seulement qu'espérait-il ? voilà ce que se demandait inutilement la recluse.

Pour mademoiselle Oliva, M. de Cagliostro, cet homme qui avait dompté Beausire, et triomphé des agents de police, était un Dieu sauveur. C'était aussi un amant bien épris, puisqu'il respectait.

Car l'amour-propre d'Oliva ne lui permettait pas de croire que Cagliostro eût sur elle d'autre vue que d'en faire un jour sa maîtresse.

C'est une vertu pour les femmes qui n'en ont plus, que de croire qu'on puisse les aimer respectueusement. Ce cœur est bien flétri, bien aride, bien mort, qui ne compte plus sur l'amour, et sur le respect qui suit l'amour.

Oliva se mit donc à faire des châteaux en Espagne, du fond de son manoir de la rue Saint-Claude, châteaux chimériques, où ce pauvre Beausire, faut-il l'avouer, trouvait bien rarement sa place.

Quand le matin, parée de tous les agréments dont Cagliostro avait meublé ses cabinets de toilette, elle jouait à la grande dame, et repassait les nuances du rôle de Célimène, elle ne vivait que pour cette heure du jour à laquelle Cagliostro venait deux fois la semaine s'informer si elle supportait facilement la vie.

Alors dans son beau salon, au milieu d'un luxe réel et d'un luxe intelligent, la petite créature, énivrée s'avouait à elle-même que tout dans sa vie passée avait été déception, erreur, que contrairement à l'assertion du moraliste : La vertu fait le bonheur, c'était le bonheur qui fait immanquablement la vertu.

Malheureusement il manquait dans la composition de ce bonheur un élément indispensable pour que le bonheur durât.

Oliva était heureuse, mais Oliva s'ennuyait.

Livres, tableaux, instruments de musique, ne l'avaient pas distraite suffisamment. Les livres n'étaient pas assez libres, ou ceux qui l'étaient avaient été lus trop vite. Les tableaux sont toujours la même chose quand on les a regardés une fois, — c'est Oliva qui juge et non pas nous, — et les instruments de musique n'ont qu'un cri, et jamais une voix, pour la main ignorante qui les sollicite.

Il faut le dire, Oliva ne tarda pas à s'ennuyer cruellement de son bonheur, et souvent elle eut des regrets mouillés de larmes, pour ces bonnes petites matinées passées à la fenêtre de la rue Dauphine, alors que, magnétisant la rue de ses regards, elle faisait lever la tête à tous les passants:

Et quelles douces promenades dans le quartier Saint-Germain, quand la mule coquette, élevant sur ses talons de deux pouces un pied d'une cambrure voluptueuse, chaque pas de la belle marcheuse était un triomphe et arrachait aux admirateurs un petit cri, soit de crainte lorsqu'elle glissait, soit de désir quand après le pied se montrait la jambe.

Voilà ce que pensait Nicole enfermée. Il est vrai que les agents de Monsieur le lieutenant de police étaient gens redoutables, il est vrai que l'hôpital, dans lequel les femmes s'éteignent dans une captivité sordide, ne valait pas l'emprisonnement éphémère et splendide de la rue Saint-Claude. Mais, à quoi servirait-il d'être femme, et d'avoir le droit de caprice, si l'on ne s'insurgeait pas parfois contre le bien, pour le changer en mal, au moins en rêve ?

Et puis tout devient bientôt noir à qui
s'ennuie. Nicole regretta Beausire, après
avoir regretté sa liberté. Avouons que
rien ne change dans le monde des femmes, depuis le temps où les filles de
Judas s'en allaient, la veille d'un ma-
riage d'amour, pleurer leur virginité
sur la montagne.

Nous en sommes arrivés à un jour de
deuil et d'agacement dans lequel Oliva,
privée de toute société, de toute vue,
depuis deux semaines, entrait dans la
plus triste période du mal d'ennui.

Ayant tout épuisé, n'osant se montrer
aux fenêtres ni sortir, elle commençait

à perdre l'appétit de l'estomac, mais non celui de l'imagination, lequel redoublait, au contraire, au fur et à mesure que l'autre diminuait.

C'est à ce moment d'agitation morale, qu'elle reçut la visite inattendue, ce jour-là, de Cagliostro.

Il entra comme il en avait l'habitude, par la porte basse de l'hôtel, et vint, par le petit jardin nouvellement tracé dans les cours, heurter aux volets de l'àppartement occupé par Oliva.

Quatre coups frappés à intervalles convenus entr'eux, étaient le signal arrêté d'avance pour que la jeune femme tirât le verrou qu'elle avait cru devoir demander comme sûreté entre elle et un visiteur muni de clés.

Oliva ne pensait pas que les précautions fussent inutiles, pour bien conserver une vertu qu'en certaines occasions elle trouvait pesante.

Au signal donné par Cagliostro, elle ouvrit ses verroux avec une rapidité qui témoignait de son besoin d'avoir une conférence.

Vive comme une grisette parisienne, elle s'élança au devant des pas du noble geôlier, pour le caresser, et d'une voix irritée, rauque, saccadée :

— Monsieur, s'écria-t-elle, je m'ennuie, sachez cela.

Cagliostro la regarda avec un léger mouvement de tête.

— Vous vous ennuyez, dit-il en refermant la porte, hélas ! ma chère enfant, c'est un vilain mal.

— Je me déplais ici. J'y meurs.

— Vraiment !

— Oui, j'ai de mauvaises pensées.

— Là ! là ! fit le comte, en la calmant comme il eût calmé un épagneul, si vous n'êtes pas bien chez moi, ne m'en veuillez pas trop. Gardez toute votre colère pour monsieur le lieutenant de police, qui est votre ennemi.

— Vous m'exaspérez avec votre sang-froid, Monsieur, dit Oliva. J'aime mieux de bonnes colères que des douceurs pareilles; vous trouvez le moyen de me calmer, et cela me rend folle de rage.

— Avouez, Mademoiselle, que vous êtes injuste, répondit Cagliostro en s'asseyant loin d'elle, avec cette affectation de respect ou d'indifférence qui lui réussissait si bien auprès d'Oliva.

— Vous en parlez bien à votre aise, vous, dit-elle ; vous allez, vous venez, vous respirez ; votre vie se compose d'une quantité de plaisirs que vous choisissez ; moi, je végète dans l'espace que vous m'avez limité ; je ne respire pas, je tremble. Je vous préviens, Monsieur, que votre assistance m'est inutile, si elle ne m'empêche pas de mourir.

— Mourir ! vous ! dit le comte en souriant, allons donc !

— Je vous dis que vous vous conduisez fort mal envers moi, vous oubliez que j'aime profondément, passionnément quelqu'un.

— M. Beausire ?

— Oui, Beausire. Je l'aime, vous dis-je. Je ne vous l'ai jamais caché, je suppose. Vous n'avez pas été vous figurer que j'oublierais mon cher Beausire ?

— Je l'ai si peu supposé, Mademoiselle, que je me suis mis en quatre pour avoir de ses nouvelles, et que je vous en apporte.

— Ah ! fit Oliva.

—M. de Beausire, continua Cagliostro, est un charmant garçon.

— Parbleu! fit Oliva qui ne voyait pas où on la menait.

— Jeune et joli.

— N'est-ce pas ?

— Plein d'imagination.

— De feu.... Un peu brutal pour moi. Mais... qui aime bien, châtie bien.

— Vous parlez d'or. Vous avez autant de cœur que d'esprit, et d'esprit que de beauté: et moi qui sait cela, moi qui m'intéresse à tout amour de ce monde, — c'est une manie, — j'ai songé à vous rapprocher de M. de Beausire.

— Ce n'était pas votre idée, il y a un mois, dit Oliva en souriant d'un air contraint.

— Ecoutez donc, ma chère enfant, tout galant homme qui voit une jolie personne cherche à lui plaire quand il est libre, comme je le suis. Cependant, vous m'avouerez que si je vous ai fait un doigt de cour, cela n'a pas duré longtemps, hein?

— C'est vrai, répliqua Oliva du même ton; un quart-d'heure au plus.

— C'était bien naturel que je me désistasse, voyant combien vous aimiez M. de Beausire.

— Oh! ne vous moquez pas de moi.

— Non, sur l'honneur; vous m'avez résisté si bien.

— Oh! n'est-ce pas? s'écria Oliva, enchantée d'avoir été prise en flagrant délit de résistance. Oui, avouez que j'ai résisté.

— C'était la suite de votre amour, dit flegmatiquement Cagliostro.

— Mais le vôtre, à vous, riposta Oliva, il n'était guère tenace, alors.

— Je ne suis ni assez vieux, ni assez laid, ni assez sot, ni assez pauvre, pour supporter ou les refus, ou les chances d'une défaite, Mademoiselle ; vous eussiez toujours préféré M. de Beausire à moi, je l'ai senti et j'ai pris mon parti.

— Oh! que non pas, dit la coquette; non pas! Cette fameuse association que vous m'avez proposée, vous savez bien, ce droit de me donner le bras, de me visiter, de me courtiser en tout bien tout honneur, est-ce que ce n'était point un petit reste d'espoir?

Et en disant ces mots la perfide brûlait

de ses yeux trop longtemps oisifs, le visiteur qui était venu se prendre au piège.

— Je l'avoue, répondit Cagliostro, vous êtes d'une pénétration à laquelle rien ne résiste.

Et il feignit de baisser les yeux pour n'être pas dévoré par le double jet de flamme qui jaillissait des regards d'Oliva.

— Revenons à Beausire, dit-elle, piquée de l'immobilité du comte; que fait-il, où est-il, ce cher ami?

Alors Cagliostro, la regardant avec un reste de timidité.

— Je disais que j'eusse voulu vous réunir à lui, continua-t-il.

— Non, vous ne disiez pas cela, murmura-t-elle avec dédain; mais puisque vous me le dites, je le prends pour dit Continuez. Pourquoi ne l'avez-vous pas amené, c'eût été charitable. Il est libre, lui....

— Parce que, répondit Cagliostro, sans s'étonner de cette ironie, M. de Beausire, qui est comme vous, qui a trop d'esprit, s'est fait aussi une petite affaire avec la police.

— Aussi ! s'écria Oliva en pâlissant ; car cette fois elle sentait le tuf de la vérité.

— Aussi, répéta poliment Cagliostro.

— Qu'a-t-il fait ?... balbutia la jeune femme.

— Une charmante espièglerie, un tour de passe infiniment ingénieux ; j'appelle cela une drôlerie ; mais les gens moroses, M. de Crosne, par exemple, vous savez combien il est lourd, ce M. de Crosne ; eh bien ! ils appellent cela un vol.

— Un vol ! s'écria Oliva épouvantée ; — mon Dieu !

— Un joli vol, par exemple ; ce qui prouve combien ce pauvre Beausire a le goût des belles choses.

— Monsieur.. monsieur.. il est arrêté ?

— Non, mais il est signalé.

— Vous me jurez qu'il n'est point arrêté, qu'il ne court aucun risque ?

— Je puis bien vous jurer qu'il n'est point arrêté ; mais, quant au second point, vous n'aurez pas ma parole. Vous sentez bien, ma chère enfant, que lorsqu'on est signalé, on est suivi ou recherché, du moins, et qu'avec sa figure, avec sa tournure, avec toutes ses qualités bien connues, M. de Beausire, s'il se montrait, serait tout de suite dépisté par les limiers. Songez donc un peu à ce coup de filet que ferait M. de Crosne. Prendre vous par M. de Beausire, et M. de Beausire par vous.

— Oh ! oui, oui, il faut qu'il se cache ! Pauvre garçon ! Je vais me cacher aussi. Faites-moi fuir hors de France, Monsieur. Tâchez de me rendre ce service ; parce qu'ici, voyez-vous, enfermée, étouffée, je ne résisterais pas au désir de faire un jour ou l'autre quelqu'imprudence.

— Qu'appelez-vous imprudence, ma chère demoiselle ?

— Mais.... me montrer, me donner un peu d'air.

— N'exagérez pas, ma bonne amie : vous êtes déjà toute pâle, et vous finiriez par perdre votre belle santé. M. de Beausire ne vous aimerait plus. Non, prenez autant d'air que vous voudrez, régalez-vous de voir passer quelques figures humaines.

— Allons ! s'écria Oliva, voici que vous êtes dépité contre moi, et que vous allez aussi m'abandonner. Je vous gêne peut-être ?

— Moi ! êtes-vous folle ? Pourquoi me gêneriez-vous ? dit-il d'un sérieux de glace.

— Parce que... un homme qui a du goût pour une femme, un homme aussi considérable que vous, un seigneur aussi beau que vous l'êtes, a le droit de s'irriter, de se dégoûter, même, si une folle comme moi le rebute. Oh! ne me quittez pas, ne me perdez pas, ne me prenez pas en haine, monsieur!

Et la jeune femme, aussi effrayée qu'elle avait été coquette, vint passer son bras autour du cou de Cagliostro.

— Pauvre petite! dit celui-ci en déposant un chaste baiser sur le front d'Oliva; comme elle a peur. N'ayez pas de moi si méchante opinion, ma fille. Vous couriez un danger, je vous ai rendu service; j'avais des idées sur vous, j'en suis revenu, mais voilà tout. Je n'ai pas plus de haine à vous témoigner que vous n'avez de reconnaissance à m'offrir. J'ai agi pour moi, vous avez agi pour vous, nous sommes quittes.

—Oh! Monsieur, que de bonté, quelle généreuse personne vous faites !

Et Oliva mit deux bras au lieu d'un sur les épaules de Cagliostro.

Mais celui-ci la regardant avec sa tranquillité habituelle :

—Vous voyez bien, Oliva, dit-il, maintenant vous m'offririez votre amour, je...

— Eh bien ! fit-elle toute rouge ?

— Vous m'offririez votre adorable personne, je refuserais, tant j'aime à n'inspirer que des sentiments vrais, purs et dégagés de tout intérêt. Vous m'avez cru intéressé, vous êtes tombée en ma dépendance. Vous vous croyez engagée ; je vous croirais plus reconnaissante que sensible, plus effrayée qu'amoureuse : restons comme nous sommes. J'accomplis en cela votre désir. Je préviens toutes vos délicatesses.

Oliva laissa tomber ses beaux bras et s'éloigna honteuse, humiliée, dupe de cette générosité de Cagliostro sur laquelle elle n'avait pas compté.

— Ainsi, dit le comte, ainsi, ma chère Oliva, c'est convenu, vous me garderez comme ami ; vous aurez toute confiance en moi ; vous userez de ma maison, de ma bourse et de mon crédit et...

— Et je me dirai, fit Oliva, qu'il y a des hommes en ce monde bien supérieurs à tous ceux que j'ai connus.

Elle prononça ces mots avec un charme et une dignité qui gravèrent un trait sur cette âme de bronze dont le corps s'était autrefois appelé *Balsamo*.

— Toute femme est bonne, pensa-t-il, quand on a touché en elle la corde qui correspond au cœur.

Puis se rapprochant de Nicole :

— A partir de ce soir, vous habiterez le dernier étage de l'hôtel. C'est un appartement composé de trois pièces placées en observatoire, au-dessus du boulevard et de la rue Saint-Claude. Les fenêtres donnent sur Ménilmontant et sur Belleville. Quelques personnes pourront vous y voir. Ce sont des voisins paisibles, ne les craignez pas. Braves gens sans relations, sans soupçons de ce que vous pouvez être. Laissez-vous voir par eux, sans vous exposer toutefois, et surtout sans jamais vous montrer aux passants, car la rue Saint-Claude est parfois explorée par les agents de M. de Crosne; au moins là vous aurez du soleil.

Oliva frappa joyeusement dans ses mains.

—Voulez-vous que je vous y conduise? dit Cagliostro.

— Ce soir ?

—Mais sans doute, ce soir. Est-ce que cela vous gêne ?

Oliva regarda profondément Cagliostro. Un vague espoir rentra dans son cœur, ou plutôt dans sa tête vaine et pervertie.

— Allons, dit-elle.

Le comte prit une lanterne dans l'antichambre, ouvrit lui-même plusieurs portes, et, gravissant un escalier, parvint, suivi d'Oliva, au troisième étage, dans l'appartement qu'il avait désigné.

Elle trouva le logis tout meublé, tout fleuri, tout habitable.

— On dirait que j'étais attendue ici, s'écria-t-elle.

— Non pas vous, dit le comte, mais moi, qui aime la vue de ce pavillon et qui souvent y couche.

Le regard d'Oliva prit les teintes fauves et fulgurantes qui viennent iriser parfois les prunelles des chats.

Un mot naissait sur ses lèvres; Cagliostro l'arrêta par ces paroles :

— Rien ne vous manquera ici, votre femme de chambre sera près de vous dans un quart-d'heure. Bonsoir, mademoiselle.

Et il disparut, après avoir fait une grande révérence mitigée par un gracieux sourire.

La pauvre prisonnière tomba assise, consternée, anéantie sur le ⬤t, tout prêt, qui attendait dans une élégante alcôve.

— Je ne comprends absolument rien à ce qui m'arrive, murmura-t-elle en suivant des yeux cet homme réellement incompréhensible pour elle.

VI

L'observatoire.

Oliva se mit au lit après le départ de la femme de chambre que lui envoyait Cagliostro.

Elle dormit peu, les pensées de toute nature qui naissaient de son entretien avec le comte, ne lui donnèrent que rêves éveillés, inquiétudes somnolentes ; on n'est plus heureux de longtemps quand on est trop riche ou trop tranquille, après avoir été trop pauvre ou trop agité.

Oliva plaignit Beausire, elle admira le comte qu'elle ne comprenait pas, elle ne le croyait plus timide, elle ne le soupçonnait pas insensible. Elle eut fort peur d'être troublée par quelque sylphe durant son sommeil, et les moindres bruits du parquet lui causèrent l'agitation connue de toute héroïne de roman, qui couche dans la *tour du Nord*.

Avec l'aube s'enfuirent ces terreurs

qui n'étaient pas sans charme... Nous qui ne craignons pas d'inspirer des soupçons à M. Beausire, nous pouvons hasarder que Nicole n'entrevit pas l'heure de la parfaite sécurité, sans un petit reste de dépit coquet. Nuance intraduisible pour tout pinceau qui n'a pas signé : Watteau, pour toute plume qui n'a pas signé : Marivaux ou Crébillon fils.

Au jour elle se permit de dormir, savourant la volupté d'absorber dans sa chambre fleurie, les rayons pourprés du soleil levant, de voir les oiseaux courir sur la petite terrasse de cette fenêtre, où leurs ailes frolaient avec des bruits charmants les feuilles des rosiers et les fleurs des jasmins d'Espagne.

Et ce fut tard, bien tard, qu'elle se leva, quand deux ou trois heures d'un sommeil suave eurent posé sur ses paupières, quand bercés entre les bruits de la rue et les engourdissements veloutés du repos, elle se sentit assez forte pour rechercher le mouvement, trop forte pour demeurer gisante et oisive.

Alors, elle courut tous les coins de cet appartement nouveau, dans lequel cet incompréhensible sylphe n'avait pas même, l'ignorant qu'il était, pu trouver une trappe, pour venir glisser autour du lit en battant des ailes, et cependant les sylphes en ce temps-là, grâce au comte de Gabalis, n'avaient rien perdu de leur innocente réputation.

Oliva surprit les richesses de son logis dans la simplicité de l'imprévu. Ce ménage de femme avait commencé par être un mobilier d'homme. On y trouvait tout ce qui peut faire aimer la vie, on y trouvait surtout le grand jour et le grand air, qui changeraient les cachots en jardins si jamais l'air et le jour pénétraient dans une prison.

Dire la joie enfantine, c'est-à-dire parfaite, avec laquelle Oliva courut à la terrasse, se coucha sur les dalles, au milieu des fleurs et des mousses, semblable à une couleuvre qui sort du nid, nous le ferions certainement si nous n'avions pas à peindre ses étonnements, chaque fois qu'un mouvement lui découvrait un nouveau spectacle.

D'abord couchée comme nous venons de le dire, afin de ne pas être vue du dehors, elle regarda entre les barreaux du balcon les cimes des arbres des boulevards, les maisons du quartier Popincourt et les cheminées, océan brumeux dont les vagues inégales s'étageaient à sa droite.

Inondée de soleil, l'oreille tendue au bruit des carrosses roulants, un peu rares, il est vrai, mais enfin roulants sur le boulevard, elle demeura ainsi très heureuse pendant deux heures. Elle déjeûna même du chocolat que lui servit sa femme de chambre et lut une gazette avant d'avoir songé à regarder dans la rue.

C'était un dangereux plaisir.

Les limiers de M. de Crosne, ces chiens humains qui chassent le nez en l'air, pouvaient la voir. Quel épouvantable réveil après un sommeil si doux !

Mais cette situation horizontale ne pouvait durer, toute bonne qu'elle fût. Nicole se haussa sur un coude.

Et alors elle vit les noyers de Ménilmontant, les grands arbres du cimetière, les myriades de maisons de toutes couleurs qui montaient au revers du coteau depuis Charronne jusqu'aux buttes Chaumont, dans des bouquets de verdure, ou sur les tranches gypseuses des falaises, revêtues de bruyères et de chardons.

Çà et là, dans les chemins, grêles rubans ondulant au col de ces montagnettes, dans les sentes des vignes, sur les routes blanches, se dessinaient de petits êtres vivants, paysans trottant sur leurs ânes, enfants penchés sur le champ que l'on sarcle, vigneronnes découvrant le raisin au soleil. Cette rusticité charma Nicole, qui avait toujours soupiré après la belle campagne de Tavernay, depuis qu'elle avait quitté cette campagne pour ce Paris tant désiré.

Elle finit pourtant par se rassasier de la campagne, et comme elle avait pris une position commode et sûre dans ses fleurs, comme elle savait voir sans risquer d'être vue, elle abaissa ses regards de la montagne à la vallée, de l'horizon lointain aux maisons d'en face.

Partout, c'est-à-dire dans l'espace que peuvent embrasser trois maisons, Oliva trouva les fenêtres closes ou peu avenantes. Ici trois étages habités par de vieux rentiers accrochant des cages au dehors, ou nourrissant des chats à l'intérieur ; là, quatre étages dont l'Auvergnat, supérieur habitant, arrivait seul à portée de la vue, les autres locataires paraissant être absents, partis pour une campagne quelconque. Enfin, un peu sur la gauche, à la troisième maison, des rideaux de soie jaune, des fleurs, et comme pour meubler ce bien-être, un fauteuil moelleux, qui semblait près de la fenêtre attendre son rêveur ou sa rêveuse.

Oliva crut distinguer dans cette chambre, dont le soleil faisait ressortir la noire obscurité, comme une ombre ambulante à mouvements réguliers.

Elle borna là son impatience, se cacha mieux encore qu'elle n'avait fait jusque-là, et appelant sa femme de chambre, entama une conversation avec elle pour varier les plaisirs de la solitude par ceux de la société d'une créature pensante et parlante surtout.

Mais la femme de chambre fut réservée, contre toutes les traditions. Elle voulut bien expliquer à sa maîtresse, Belleville, Charonne et le Père-Lachaise. Elle dit le nom des églises de Saint-Amboise et de Saint-Laurent ; elle démontra la courbe du boulevard et son inclinaison vers la rive droite de la Seine ; mais quand la question tomba sur les voisins, la femme de chambre ne trouva pas une parole : elle ne les connaissait pas plus que sa maîtresse.

L'appartement clair obscur, aux rideaux de soie jaune, ne fut pas expliqué à Oliva. Rien sur l'ombre ambulante, rien sur le fauteuil.

Si Oliva n'eut pas la satisfaction de connaître sa voisine d'avance, au moins put-elle se promettre de faire sa connaissance par elle-même. Elle renvoya la trop discrète servante pour se livrer sans témoin à son exploration.

L'occasion ne tarda pas à se présenter. Les voisins commencèrent à ouvrir leurs portes, à faire leur sieste après le repas, à s'habiller pour la promenade de la Place-Royale ou du Chemin vert.

Oliva les compta. Ils étaient six, bien assortis dans leur dissemblance, comme il convient à des gens qui ont choisi la rue Saint-Claude pour leur demeure.

Oliva passa une partie de la journée à voir leurs gestes, à étudier leurs habitudes. Elle les passa tous en revue, à l'exception de cette ombre agitée qui, sans montrer son visage, était venue s'ensevelir dans le fauteuil près de la fenêtre, et s'absorbait dans une immobile rêverie.

C'était une femme. Elle avait abandonné sa tête à sa coiffeuse, qui, pendant une heure et demie, avait bâti sur le crâne et les tempes un de ces édifices babyloniens, dans lesquels entraient les minéraux, les végétaux, dans lesquels fussent entrés des animaux, si Léonard s'en fût mêlé, et si une femme de cette époque eut consenti à faire de sa tête une arche de Noé avec ses habitants.

Puis, cette femme coiffée, poudrée, blanche d'ajustements et de dentelles, s'était réinstallée dans son fauteuil, le col étagé par des oreillers assez durs pour que cette partie du corps soutînt l'équilibre du corps entier, et permît au monument de la chevelure de demeurer intact, sans souci des tremblements de terre qui pouvaient agiter la base.

Cette femme immobile ressemblait à ces dieux Indiens calés sur leurs siéges, l'œil fixe, grâce à la fixité de la pensée, roulant seul dans son orbite. Selon les besoins du corps ou les caprices de l'esprit, sentinelle et bon serviteur actif, il faisait à lui seul tout le service de l'idole.

Oliva remarqua combien cette dame, ainsi coiffée, était jolie. Combien son pied posé sur le bord de la fenêtre et balancé dans une petite mule de satin rose, était délicat et spirituel. Elle admira le tour du bras et celui de la gorge qui repoussait le corset et le peignoir.

Mais ce qui la frappa par dessus-tout, ce fut cette profondeur de la pensée toujours tendue vers un but invisible et vague, pensée tellement impérieuse, qu'elle condamnait le corps tout entier à l'immobilité, qu'elle l'annihilait par sa volonté.

Cette femme, que nous avons reconnue et qu'Oliva ne pouvait reconnaître, ne soupçonnait pas qu'on pût la voir. En face de ses fenêtres, jamais fenêtre ne s'était ouverte. L'hôtel de M. de Cagliostro n'avait jamais, en dépit des fleurs que Nicole avait trouvées, des oiseaux qu'elle avait vus voler, découvert ses secrets à personne, et à part les peintres qui l'avaient restauré, nul vivant ne s'était fait voir à la fenêtre.

Pour expliquer ce phénomène contrédit par la prétendue habitation de Cagliostro dans le pavillon, un mot suffira. Le comte avait pendant la soirée fait préparer ce logement pour Oliva, comme il l'eût fait disposer pour lui. Il s'était pour ainsi dire menti à lui-même, tant ses ordres avaient été bien exécutés.

La dame à la belle coiffure restait donc ensevelie dans ses pensées ; Oliva se figura que cette belle personne, rêvant ainsi, rêvait à ses amours traversées.

Sympathie dans la beauté, sympathie dans la solitude, dans l'âge, dans l'ennui, que de liens pour attacher l'une à l'autre deux âmes qui peut-être se cherchaient, grâce aux combinaisons mystérieuses, irrésistibles et intraduisibles du Destin.

Dès qu'elle eut vu cette solitaire pensive, Oliva n'en put détacher ses yeux.

Il y avait une sorte de pureté morale dans cette attraction de la femme vers la femme. Ces délicatesses sont plus communes qu'on ne croit généralement parmi ces malheureuses créatures dont le corps est devenu l'agent principal dans les fonctions de la vie.

Pauvres exilées du paradis spirituel, elles regrettent les jardins perdus et les anges souriants qui se cachent sous les mystiques ombrages.

Oliva crut voir une sœur de son âme dans la belle recluse. Elle construisit un roman pareil à son roman, se figurant, la naïve fille, qu'on ne pouvait être jolie, élégante et demeurer perdue rue Saint-Claude sans avoir quelque grand malheur au fond de sa vie, ou quelque grave inquiétude au fond de son cœur.

Quand elle eut bien forgé d'aïrain et de diamant sa fable romanesque, Oliva, comme toutes les natures exceptionnelles, se laissa enlever par sa féerie; elle prit des ailes pour courir dans l'espace au devant de sa compagne, à qui, dans son impatience, elle eût voulu voir pousser des ailes pareilles aux siennes.

Mais la dame au monument ne bougeait pas, elle semblait sommeiller sur son siége. Deux heures s'étaient écoulées sans qu'elle eût oscillé d'un degré.

Oliva se désespérait. Elle n'eût pas fait pour Adonis ou pour Beausire le quart des avances qu'elle fit pour l'inconnue.

De guerre lasse, et passant de la tendresse à la haine, elle ouvrit et referma dix fois sa croisée ; dix fois elle effaroucha les oiseaux dans les feuillages, et fit des gestes télégraphiques tellement compromettants, que le plus obtus des instruments de M. de Crosne, s'il eût passé sur le boulevard ou dans le bout de la rue Saint-Claude, n'eût pas manqué de les apercevoir et de s'en préoccuper.

Enfin, Nicole arriva à se persuader que la dame aux belles nattes avait bien vu tous ses gestes, compris tous ses signaux, mais qu'elle les méprisait ; qu'elle était vaine ou qu'elle était idiote ; idiote ! avec des yeux si fins, si spirituels, avec un pied si mobile, une main si inquiète ! Impossible.

Vaine, oui ; vaine comme pouvait l'être à cette époque une femme de la grande noblesse envers une bourgeoise.

Oliva, démêlant dans la physionomie de la jeune femme tous les caractères de l'aristocratie, conclut qu'elle était orgueilleuse et impossible à émouvoir.

Elle renonça.

Tournant le dos avec une bouderie charmante, elle se remit au soleil, cette fois le soleil couchant, pour reprendre la société de ses fleurs, complaisantes compagnes qui, nobles aussi, élégantes aussi, poudrées aussi, coquettes aussi comme les plus grandes dames, se laissent cependant toucher, respirer, et rendent en parfum, en fraîcheur et en frissonnants contacts le baiser d'ami ou le baiser d'amour.

Nicole ne réfléchissait pas que cette prétendue orgueilleuse était Jeanne de Valois, comtesse de La Mothe, qui, depuis la veille, cherchait une idée.

Que cette idée avait pour but d'empêcher Marie-Antoinette et le cardinal de Rohan de se voir.

Qu'un intérêt plus grand encore exigeait que le cardinal, tout en ne voyant plus la reine dans le particulier crût fermement qu'il la voyait toujours et que, par conséquent, il se contentât de cette vision et cessât de réclamer la vue réelle.

Idées graves, bien légitimes excuses de cette préoccupation d'une jeune femme, à ne pas remuer la tête pendant deux mortelles heures.

Si Nicole eût su tout cela, elle ne se fût pas, de colère, réfugiée au milieu de ses fleurs.

Et elle n'eût pas, en s'y plaçant, chassé hors du balcon un pot de fraxinelles qui alla tomber dans la rue déserte avec un fracas épouvantable.

Oliva, effrayée, regarda vite quel dégât elle avait pu causer.

La dame préoccupée se réveilla au bruit, vit le pot sur le pavé, remonta de l'effet à la cause, c'est-à-dire que ses yeux remontèrent du pavé de la rue à la terrasse de l'hôtel.

Et elle vit Oliva.

En la voyant elle poussa un cri sauvage, un cri de terreur, un cri qui se termina par un mouvement rapide de tout ce corps si raide et si glacé naguère.

Les yeux d'Oliva et ceux de cette dame

se rencontrèrent enfin, s'interrogèrent, se pénétrèrent les uns les autres.

Jeanne s'écria d'abord :

— La reine !

Puis, tout-à-coup, joignant les mains et fronçant le sourcil sans oser remuer, de peur de faire fuir la vision étrange :

— Oh ! murmura-t-elle, je cherchais un moyen, le voilà !

En ce moment, Oliva entendit du bruit derrière elle, et se retourna vivement.

Le comte était dans sa chambre ; il avait remarqué l'échange des reconnaissances.

— Elles se sont vues ! dit-il.

Oliva quitta brusquement le balcon.

VII

Les deux voisines.

A partir de ce moment où les deux femmes s'étaient aperçues, Oliva, déjà fascinée par la grâce de sa voisine, n'affecta plus de la dédaigner; et, se tournant avec précaution au milieu de ses fleurs, elle répondit par des sourires aux sourires qu'on lui adressait.

Cagliostro, en la visitant, n'avait pas manqué de lui recommander la circonspection la plus grande.

— Surtout, avait-il dit, ne voisinez pas.

Ce mot avait tombé comme un grêlon sinistre sur la tête d'Oliva, qui déjà se faisait une douce occupation des gestes et des saluts de la voisine.

Ne pas voisiner, c'était tourner le dos à cette charmante femme, dont l'œil était si brillant et si doux, dont chaque mouvement renfermait une séduction, c'était renoncer à entretenir un commerce télégraphique sur la pluie et le beau temps, c'était rompre avec une amie. Car l'imagination d'Oliva courait à ce point, que Jeanne était déjà pour elle un objet curieux et cher.

La sournoise répondit à son protecteur qu'elle se garderait bien de lui désobéir, et qu'elle n'entreprendrait aucun commerce avec le voisinage. Mais il ne fut pas sitôt parti, qu'elle s'arrangea sur le balcon, de manière à absorber toute l'attention de sa voisine.

Celle-ci, on peut le croire, ne demandait pas mieux, car aux premières avances qui lui furent faites, elle répondit par des saluts et par des baisers jetés du doigt.

Oliva correspondit de son mieux à ces aimables avances, elle remarqua que l'inconnue ne quittait plus la fenêtre, et que toujours attentive à envoyer soit un adieu quand elle sortait, soit un bonjour quand elle rentrait, elle semblait avoir concentré toutes ses facultés aimantes sur le balcon d'Oliva.

Un pareil état de choses devait être suivi promptement d'une tentative de rapprochement.

Voici ce qui arriva.

Cagliostro, en venant voir Oliva deux jours après, se plaignit d'une visite qui aurait été rendue à l'hôtel par une personne inconnue.

— Comment cela ? fit Oliva un peu rougissante.

— Oui, répondit le comte, une dame très jolie, jeune, élégante, s'est présentée, a parlé à un valet attiré par son insistance à sonner. Elle a demandé à cet homme qui pouvait être une jeune personne habitant le pavillon du troisième, votre appartement, ma chère. Cette femme vous désignait assurément. Elle voulait vous voir. Elle vous connaît donc;

elle a donc sur vous des vues ; vous êtes donc découverte ? Prenez garde, la police a des espions femmes comme des agens hommes, et je vous préviens que je ne pourrai refuser de vous rendre si M. de Crosne vous demande à moi.

Oliva, au lieu de s'effrayer, reconnut vite le portrait de sa voisine, elle lui sut un gré infini de sa prévenance, et bien résolue de l'en remercier par tous les moyens en son pouvoir, elle dissimula au comte.

— Vous ne tremblez pas ? dit Cagliostro.

— Personne ne m'a vue, répliqua Nicole.

— Alors ce n'est pas vous qu'on voulait voir ?

— Je ne le pense pas.

— Cependant, pour deviner qu'il y a une femme dans ce pavillon... Ah! prenez garde, prenez garde.

— Eh! monsieur le comte, dit Oliva, comment pourrais-je craindre? si l'on m'a vue, ce que je ne crois pas, on ne me verra plus, et si l'on me revoyait, ce serait de loin, car la maison est impénétrable, n'est-ce pas ?

— Impénétrable, c'est le mot, répondit le comte, car à moins d'escalader la muraille, ce qui n'est pas aisé, ou bien d'ouvrir la petite porte d'entrée avec une clé comme la mienne, ce qui n'est pas très facile, attendu que je ne la quitte pas...

En disant ces mots, il montrait la clé qui lui servait à entrer par la porte basse.

— Or, continua-t-il, comme je n'ai pas d'intérêt à vous perdre, je ne prêterai la clé à personne ; et comme vous n'auriez aucun bénéfice à tomber aux mains de M. de Crosne, vous ne laisserez pas escalader votre muraille. Ainsi, chère enfant, vous êtes prévenue, arrangez vos affaires comme il vous plaira.

Oliva se répandit en protestations de tout genre et se hâta d'éconduire le comte, qui n'insista pas trop pour demeurer.

Le lendemain, dès six heures du matin, elle était à son balcon, humant l'air pur des coteaux voisins et dardant un œil curieux sur les fenêtres closes de sa courtoise amie.

Celle-ci, d'ordinaire éveillée à peine vers les onze heures, se montra dès qu'Oliva parut. On eût dit qu'elle même guettait derrière les rideaux l'occasion de se faire voir.

Les deux femmes se saluèrent, et Jeanne, s'avançant hors de la fenêtre, regarda partout si quelqu'un pouvait l'entendre.

Nul ne parut. Non-seulement la rue, mais les fenêtres des maisons étaient désertes.

Elle mit alors ses deux mains sur sa bouche en guise de porte-voix, et, de cette intonation vibrante et soutenue qui n'est pas un cri, mais qui porte plus loin que l'éclat de la voix, elle dit à Oliva :

— J'ai voulu vous rendre visite, Madame.

— Chut ! fit Oliva en se reculant avec effroi.

Et elle appliqua un doigt sur ses lèvres.

Jeanne, à son tour, fit le plongeon derrière ses rideaux, croyant à la présence de quelque indiscret ; mais presque aussitôt elle reparut, rassurée par le sourire de Nicole.

— On ne peut donc vous voir ? reprit-elle.

— Hélas ! fit Oliva du geste.

— Attendez, répliqua Jeanne. Peut-on vous adresser des lettres ?

— Oh ! non, s'écria Oliva épouvantée.

Jeanne réfléchit quelques moments.

Oliva, pour la remercier de sa tendre sollicitude, lui envoya un charmant baiser que Jeanne rendit double; après quoi, fermant sa fenêtre, elle sortit.

Oliva se dit que l'amie avait trouvé quelque nouvelle ressource, son imagination éclatant dans son dernier regard.

Jeanne rentra en effet deux heures après ; le soleil était dans toute sa force ; le petit pavé de la rue brûlait comme le sable d'Espagne pendant le fuego.

Oliva vit apparaître sa voisine à sa fenêtre avec une arbalète. Jeanne, en riant, fit signe à Oliva de s'écarter.

Celle-ci obéit, en riant comme sa compagne, et se réfugia contre son volet.

Jeanne, visant avec soin, lança une petite balle de plomb, qui malheureusement, au lieu de franchir le balcon, vint heurter un des barreaux de fer et tomba dans la rue.

Oliva poussa un cri de désappointement. Jeanne, après avoir haussé les épaules avec colère, chercha un moment des yeux son projectile dans la rue, puis disparut pendant quelques minutes.

Oliva, penchée, regardait du balcon en bas ; une sorte de chiffonnier passa, cherchant à droite et à gauche : vit-il ou ne vit-il pas cette balle dans le ruisseau? Oliva n'en sut rien ; elle se cacha pour n'être pas vue elle-même.

Le second effort de Jeanne fut plus heureux.

Son arbalète lança fidèlement, au-delà du balcon dans la chambre de Nicole, une seconde balle, autour de laquelle était roulé un billet conçu en ces termes :

« Vous m'intéressez, toute belle dame. Je vous trouve charmante et vous aime rien qu'à vous voir. Vous êtes donc prisonnière ? Savez-vous que j'ai en vain essayé de vous visiter ? L'enchanteur qui vous garde à vue me laissera-t-il jamais approcher de vous pour vous dire ce que je ressens de sympathie pour une pauvre victime de la tyrannie des hommes ?

« J'ai, comme vous voyez, l'imagination pour servir mes amitiés. Voulez-vous être mon amie ? Il paraît que vous ne pouvez sortir, vous ; mais vous pouvez écrire, sans doute, et comme moi je sors quand je veux, attendez que je passe sous votre balcon, et jetez-moi votre réponse.

« S'il arrivait que le jeu de l'arbalète fût dangereux et qu'on le découvrît, adoptons un moyen de correspondre plus facilement. Laissez pendre du haut de votre balcon, à la brune, un peloton de fil ; attachez-y votre billet, j'y attacherai le mien que vous remonterez sans être vue.

« Songez que si vos yeux ne sont pas menteurs, je compte sur un peu de cette affection que vous m'avez inspirée, et qu'à nous deux nous vaincrons l'univers.

« Votre amie.

« P. S. Avez-vous vu quelqu'un ramasser mon premier billet ? »

Jeanne ne signait pas ; elle avait même complètement déguisé son écriture.

Oliva tressaillit de joie en recevant le

billet. Elle y répondit par les lignes suivantes :

« Je vous aime comme vous m'aimez. Je suis en effet une victime de la méchanceté des hommes. Mais celui qui me retient ici, est un protecteur et non un tyran. Il vient me visiter secrètement une fois par jour. Je vous expliquerai tout cela plus tard. J'aime mieux le billet remonté au bout d'un fil que l'arbalète.

« Hélas ! non, je ne puis sortir : je suis sous clé ; mais c'est pour mon bien. Oh ! que j'aurais de choses à vous dire, si j'avais jamais le bonheur de causer avec vous. Il y a tant de détails qu'on ne peut écrire.

« Votre premier billet n'a été ramassé par personne, sinon par un vilain chiffonnier qui passait ; mais ces gens-là ne savent pas lire, et pour eux du plomb est du plomb.

« Votre amie,

«OLIVA LEGAY.»

Oliva signait de toutes ses forces.

Elle fit à la comtesse le geste de dévider un fil; puis, attendant que le soir fût venu, elle laissa rouler la pelotte en bas dans la rue.

Jeanne était sous le balcon, attrapa le fil et ôta le billet, tous mouvements que sa correspondante perçut par le moyen du fil conducteur, et elle rentra chez elle pour lire.

Une demi-heure après, elle attachait au bienheureux cordon un billet contenant ces mots :

« On fait tout ce qu'on veut. — Vous n'êtes pas gardée à vue, puisque je vous vois toujours seule. — Donc vous devez avoir toute liberté pour recevoir les gens, ou plutôt pour sortir vous-même. Comment votre maison ferme-t-elle ? Avec une clé? Qui a cette clé? l'homme qui vient vous visiter, n'est-ce pas? Cette clé, la garde-t-il si opiniâtrément que vous ne puissiez la dérober ou en prendre l'empreinte.—Il ne s'agit pas de mal faire ; il s'agit de vous procurer quelques heures de liberté, de douces promenades au bras d'une amie qui vous consolera de tous vos malheurs et vous rendra plus que vous n'avez perdu. Il s'agit même, si vous le voulez absolument, de la liberté tout entière. Nous traiterons ce sujet dans tous ses détails dans la première entrevue que nous aurons. »

Oliva dévora ce billet. Elle sentit monter à sa joue la fièvre de l'indépendance, à son cœur la volupté du fruit défendu.

Elle avait remarqué que le comte, chaque fois qu'il entrait chez elle, lui apportant soit un livre, soit un bijou, déposait sa petite lanterne sourde sur un chiffonnier, sa clé sur la lanterne.

Oliva prépara d'avance un morceau de cire pétrie, sur lequel elle prit l'empreinte de sa clé dès la première visite de Cagliostro.

Celui-ci ne tourna pas la tête une seule fois : tandis qu'elle accomplissait cette opération, il regardait au balcon les fleurs nouvellement écloses. Oliva put donc sans inquiétude mener à bien son projet.

Le comte parti, Oliva fit descendre dans une boîte l'empreinte de la clé, que Jeanne reçut avec un petit billet.

Et dès le lendemain, vers midi, l'arbalète, moyen extraordinaire et expéditif, moyen qui était à la correspondance par le fil, ce que le télégraphe est au courrier à cheval, l'arbalète lança un billet ainsi conçu :

« Ma toute chère, ce soir à onze heures, quand votre jaloux sera parti, vous descendrez, vous tirerez les verroux, et vous vous trouverez dans les bras de celle qui se dit votre tendre amie. »

Oliva frissonna de joie plus qu'elle n'avait jamais fait aux plus tendres billets de Gilbert, dans le printemps des premières amours et des premiers rendez-vous.

Elle descendit à onze heures sans avoir remarqué aucun soupçon chez le comte. Elle trouva en bas Jeanne qui l'étreignit tendrement, la fit monter dans un carrosse arrêté au boulevard, et toute étourdie, toute palpitante, toute enivrée, fit avec son amie une promenade de deux heures pendant lesquelles secrets, baisers, projets d'avenir s'échangèrent sans relâche entre les deux compagnes.

Jeanne conseilla la première à Oliva de rentrer, pour n'éveiller aucun soupçon, chez son protecteur. Elle venait d'apprendre que ce protecteur était Cagliostro. Elle redoutait le génie de cet homme, et ne voyait de sûreté pour ses plans que dans le plus profond mystère.

Oliva s'était livrée sans réserve : Beausire, la police, elle avait tout avoué.

Jeanne s'était donnée pour une fille de qualité, vivant avec un amant à l'insu de sa famille.

L'une savait tout, l'autre ignorait tout: telle était l'amitié jurée entre ces deux femmes.

A dater de ce jour, elles n'eurent plus besoin de l'arbalète, ni même du fil. Jeanne avait sa clé. Elle faisait descendre Oliva selon son caprice.

Un souper fin, une furtive promenade, étaient les appâts auxquels Oliva se laissait toujours prendre.

— M. de Cagliostro ne découvre-t-il rien? demandait Jeanne, inquiète parfois.

— Lui! en vérité, je le lui dirais qu'il

ne voudrait pas me croire, répondait Oliva.

Huit jours firent de ces escapades nocturnes une habitude, un besoin et bien plus un plaisir. Au bout de huit jours, le nom de Jeanne se trouvait sur les lèvres d'Oliva bien plus souvent que ne s'y était jamais trouvé celui de Gilbert et celui de Beausire.

VIII

Le Rendez-vous.

A peine M. de Charny était-il arrivé dans ses terres, et renfermé chez lui après les premières visites, que le médecin lui ordonna de ne plus recevoir personne, et de garder l'appartement, consigne qui fut exécutée avec une telle rigueur, que pas un habitant du canton n'aperçut plus le héros de ce combat naval qui avait fait tant de bruit par toute la France, et que les jeunes filles essayaient toutes de voir, parce qu'il était notoirement brave, et qu'on le disait beau.

Charny n'était pourtant pas aussi malade de corps qu'on le disait. Il n'avait de mal qu'au cœur et à la tête, mais quel mal, bon Dieu! une douleur aiguë, incessante, impitoyable, la douleur d'un souvenir qui brûlait, la douleur d'un regret qui déchirait.

L'amour n'est qu'une nostalgie : l'absent pleure un paradis idéal, au lieu de pleurer une patrie matérielle, et encore, peut-on admettre, si friand que l'on soit de poésie, que la femme bien-aimée ne soit pas un paradis un peu plus matériel que celui des anges.

M. de Charny n'y tint pas trois jours. Furieux de voir tous ses rêves déflorés par l'impossibilité, effacés par l'espace, il fit courir par tout le canton l'ordonnance du médecin que nous avons rapportée; puis, confiant la garde de ses portes à un serviteur éprouvé, Olivier partit la nuit de son manoir, sur un cheval bien doux et bien rapide. Il était à Versailles huit heures après, louant une petite maison derrière le parc par l'entremise de son valet de chambre.

Cette maison, abandonnée depuis la mort tragique d'un des gentilshommes de la louveterie qui s'y était coupé la gorge, convenait admirablement à Charny qui voulait s'y cacher mieux que dans ses terres.

Elle était meublée proprement, avait deux portes, l'une sur une rue déserte, l'autre sur l'allée de ronde du parc, et des fenêtres du midi, Charny pouvait plonger dans les allées des Charmilles, car les fenêtres, ouvrant leurs volets entourés de vignes et de lierre, n'étaient que des portes à la hauteur d'un rez-de-chaussée un peu élevé, pour quiconque eût voulu sauter dans le parc royal.

Cette vicinité, déjà bien rare alors, était le privilège accordé à un inspecteur des chasses pour que, sans se déranger, il pût surveiller les daims et les faisans de Sa Majesté.

On se représentait, rien qu'à voir ces fenêtres joyeusement encadrées dans la verdure vigoureuse, le louvetier mélancolique accoudé, un soir d'automne, sur celle du milieu, tandis que les biches, faisant craquer leurs jambes grêles sur les feuilles sèches, se jouaient au fond des couverts, sous un fauve rayon du soleil couchant.

Cette solitude plut à Charny avant toutes les autres. Etait-ce par amour du paysage? nous le verrons bientôt.

Une fois qu'il fut installé, que tout fut bien clos, que son valet eut éteint les curiosités respectueuses du voisinage, Charny, oublié comme il oubliait, commença une vie dont l'idée seule fera tressaillir quiconque a, dans son passage sur la terre, aimé ou entendu parler de l'amour.

En moins de quinze jours il connut

toutes les habitudes du château, celles des gardes, il connut les heures auxquelles l'oiseau vient boire dans les mares, auxquelles le daim passe en allongeant sa tête effarée. Il sut les bons moments du silence, ceux des promenades de la reine ou de ses dames, l'instant des rondes, il vécut en un mot de loin avec ceux qui vivaient dans ce Trianon, temple de ses adorations insensées.

Comme la saison était belle, comme les nuits douces et parfumées donnaient plus de liberté à ses yeux et plus de vague rêverie à son âme, il en passait une partie sous les jasmins de sa fenêtre à épier les bruits lointains qui venaient du palais, à suivre par les trouées du feuillage le jeu des lumières mises en mouvement jusqu'à l'heure du coucher.

Bientôt la fenêtre ne lui suffit plus. Il était trop éloigné de ce bruit et de ces lumières. Il sauta de sa maison en bas sur le gazon, bien certain de ne rencontrer, à cette heure, ni chiens, ni gardes, et il chercha la délicieuse, la périlleuse volupté d'aller jusqu'à la lisière du taillis, sur la limite qui sépare l'ombre épaisse du clair de lune splendide pour interroger de là ces silhouettes qui passaient noires et pâles derrière les rideaux blancs de la reine.

De cette façon, il la voyait tous les jours sans qu'elle le sût.

Il savait la reconnaître à un quart de lieue, alors que, marchant avec ses dames ou avec quelque gentilhomme de ses amis, elle jouait avec l'ombrelle chinoise qui abritait son large chapeau garni de fleurs.

Nulle démarche, nulle attitude ne pouvait lui donner le change. Il savait par cœur toutes les robes de la reine et devinait, au milieu des feuilles, le grand fourreau vert à bandes d'un noir moiré qu'elle faisait onduler par un mouvement de corps chastement séducteur.

Et quand la vision avait disparu, quand le soir chassant les promeneurs, lui avait permis d'aller guetter, jusqu'aux statues du péristyle, les dernières oscillations de cette ombre aimée, Charny revenait à sa fenêtre, regardait de loin par une percée qu'il avait su faire à la futaie, la lumière brillant aux vitres de la reine, puis la disparition de cette lumière, et alors il vivait de souvenir et d'espoir, comme il venait de vivre de surveillance et d'admiration.

Un soir qu'il était rentré, que deux heures avaient passé sur son dernier adieu donné à l'ombre absente, que la

rosée tombant des étoiles commençait à
distiller ses perles blanches sur les feuilles du lierre, Charny allait quitter sa
fenêtre et se mettre au lit, lorsque le
bruit d'une serrure grinça timidement
à son oreille, il revint à son observatoire et écouta.

L'heure était avancée, minuit sonnait
encore aux paroisses les plus éloignées
de Versailles, Charny s'étonna d'entendre un bruit auquel il n'était pas accoutumé.

Cette serrure rebelle était celle d'une
petite porte du parc, située à vingt-cinq
pas environ de la maison d'Olivier, et

qui jamais ne s'ouvrait, sinon dans les jours de grande chasse pour le passage des paniers de gibier.

Charny remarqua que ceux qui ouvraient cette porte ne parlaient pas ; ils refermèrent les verroux et entrèrent dans l'allée qui passait sous les fenêtres de sa maison.

Les taillis, les pampres pendants dissimulaient assez volets et murailles pour qu'en passant on ne les aperçût pas.

D'ailleurs, ceux qui marchaient là baissaient la tête et hâtaient le pas. Charny les distingua confusément dans l'ombre. Seulement, au bruit des jupes flottantes, il reconnut deux femmes dont les mantelets de soie frissonnaient le long des ramées.

Ces femmes, en tournant la grande allée située en face la fenêtre de Charny, furent enveloppées par le rayon plus libre de la lune, et Olivier faillit pousser un cri de surprise joyeuse en reconnaissant la tournure et la coiffure de Marie-Antoinette, comme aussi le bas de son visage éclairé, malgré le reflet sombre de la passe du chapeau. Elle tenait une belle rose à la main.

Le cœur tout palpitant, Charny se

laissa glisser dans le parc du haut de sa fenêtre. Il courut sur l'herbe pour ne pas faire de bruit, se cachant derrière les plus gros arbres, et suivant du regard les deux femmes, dont la course se ralentissait à chaque minute.

Que devait-il faire? La reine avait une compagne; elle ne courait aucun danger. Oh! que n'était-elle seule, il eût bravé les tortures pour s'approcher et lui dire à genoux : « Je vous aime! » Oh! que n'était-elle menacée par quelque péril immense, il eût jeté sa vie pour sauver cette précieuse vie!

Comme il pensait à tout cela en rêvant

mille folles tendresses, les deux promeneuses s'arrêtèrent soudain; l'une, la plus petite, dit quelques mots bas à sa compagne et la quitta.

La reine demeura seule; on voyait l'autre dame hâter sa marche vers un but que Charny ne devinait pas encore. La reine, battant le sable avec son petit pied, s'adossait à un arbre et s'enveloppait dans sa mante, de façon à couvrir même sa tête avec le capuchon qui, l'instant d'avant, ondoyait en larges plis soyeux sur son épaule.

Quand Charny la vit seule et ainsi

rêveuse, il fit un bond comme pour aller tomber à ses genoux.

Mais il réfléchit que trente pas au moins le séparaient d'elle; qu'avant qu'il eût franchi ces trente pas, elle le verrait, et, ne le reconnaissant pas, prendrait peur; qu'elle crierait ou fuirait; que ses cris attireraient sa compagne d'abord, puis quelques gardes; qu'on fouillerait le parc; qu'on découvrirait l'indiscret au moins, la retraite peut-être, et que c'en était fait à jamais du secret, du bonheur et de l'amour.

Il sut s'arrêter et il fit bien, car à peine eut-il réprimé cet élan irrésistible que la compagne de la reine reparut et ne revint pas seule.

Charny vit derrière elle, à deux pas, marcher un homme de belle taille, enseveli sous un large chapeau, perdu sous un vaste manteau.

Cet homme, dont l'aspect fit trembler de haine et de jalousie M. de Charny, ne s'avançait pas comme un triomphateur. Chancelant, traînant le pied avec hésitation, il semblait marcher à tâtons dans la nuit, comme s'il n'eût pas eu pour guide la compagne de la reine, pour but la reine elle-même, blanche et droite sous son arbre.

Dès qu'il aperçut Marie-Antoinette, ce tremblement que Charny avait remarqué en lui ne fit qu'augmenter. L'inconnu retira son chapeau et en balaya la terre pour ainsi dire. Il continuait à s'avancer. Charny le vit entrer dans l'épaisseur de l'ombre; il salua profondément et à plusieurs reprises.

Cependant la surprise de Charny s'était changée en stupeur. De la stupeur il allait bientôt passer à une autre émotion bien autrement douloureuse. Que venait faire la reine dans le parc à une heure aussi avancée? Qu'y venait faire cet homme? Pourquoi cet homme avait-il attendu, caché? Pourquoi la reine l'avait-elle envoyé quérir par sa compagne au lieu d'aller elle-même à lui?

Charny faillit perdre la tête. Il se souvint pourtant que la reine s'occupait de politique mystérieuse, qu'elle nouait souvent des intrigues avec les cours allemandes, relations dont le roi était jaloux et qu'il défendait sévèrement.

Peut-être ce cavalier mystérieux était-il un courrier de Schœnbrunn ou de Berlin, quelque gentilhomme porteur d'un message secret, une de ces figures allemandes, comme Louis XVI n'en voulait plus voir à Versailles, depuis que l'empereur Joseph II s'était permis de venir faire en France un cours de philosophie et de politique critique à l'usage de son beau-frère le roi très chrétien.

Cette idée, semblable au bandeau de glace que le médecin applique sur un front brûlant de fièvre, rafraîchit ce pauvre Olivier, lui rendit l'intelligence, et calma le délire de sa première colère. La reine, d'ailleurs, gardait une pose pleine de décence et même de dignité.

La compagne, placée à trois pas, inquiète, attentive, guetteuse comme les amies ou les duègnes des parties carrées de Watteau, dérangeait bien par son anxiété complaisante les visées toutes chastes de M. de Charny, Mais il est aussi dangereux d'être surprise en rendez-vous politiques qu'il est honteux d'être surprise en rendez-vous d'amour. Et rien ne ressemble plus à un homme amoureux qu'un conspirateur. Tous deux ont même manteau, même susceptibilité d'oreille, même incertitude dans les jambes.

Charny n'eut pas beaucoup de temps pour approfondir ces réflexions ; la suivante se dérangea et rompit l'entretien. Le cavalier fit un mouvement comme pour se prosterner ; il recevait sans doute son congé après l'audience.

Charny s'effaça derrière son gros arbre. Assurément, le groupe, en se séparant, allait passer par fractions devant lui. Retenir son souffle, prier les gnômes et les sylphes d'éteindre tous les échos, soit de la terre, soit du ciel, c'était la seule chose qui lui restait à faire.

En ce moment il crut voir un objet de nuance claire glisser le long de la mante royale ; le gentilhomme s'inclina vivement jusque sur l'herbe, puis se releva d'un mouvement respectueux et s'enfuit, car il serait impossible de qualifier autrement la rapidité de son départ.

Mais il fut arrêté dans sa course par

la compagne de la reine, qui l'appela d'un petit cri, et, lorsqu'il se fut arrêté, lui jeta à demi-voix le mot :

— Attendez.

C'était un cavalier fort obéissant, car il s'arrêta à l'instant même et attendit.

Charny vit alors les deux femmes passer, en se tenant le bras, à deux pas de sa cachette ; l'air déplacé par la robe de la reine fit onduler les tiges de gazon presque sous les mains de Charny.

Il sentit les parfums qu'il avait accoutumé d'adorer chez la reine : cette verveine mêlée au réséda ; double ivresse pour ses sens et pour son souvenir.

Les femmes passèrent et disparurent.

Puis, quelques minutes après, vint l'inconnu, dont le jeune homme ne s'était plus occupé pendant tout le trajet que fit la reine jusqu'à la porte ; il baisait avec passion, avec folie une rose toute fraîche, tout embaumée, qui certainement était celle dont Charny avait remarqué la beauté quand la reine était entrée dans le parc, et que tout à l'heure il venait de voir tomber des mains de sa souveraine.

Une rose, un baiser sur cette rose !

s'agissait-il d'ambassade et de secrets d'État ?

Charny faillit perdre la raison. Il allait s'élancer sur cet homme et lui arracher cette fleur, quand la compagne de la reine reparut et cria : — Venez, monseigneur.

Charny crut à la présence de quelque prince du sang, et s'appuya contre l'arbre pour ne pas se laisser tomber à demi mort sur le gazon.

L'inconnu se lança du côté d'où venait la voix et disparut avec la dame.

IX

La main de la Reine.

Quand Charny fut rentré dans sa maison, tout meurtri de ce coup terrible, il ne trouva plus de forces contre le nouveau malheur qui le frappait.

Ainsi la Providence l'avait ramené à Versailles, lui avait donné cette cachette précieuse, uniquement pour servir sa jalousie et le mettre sur les traces d'un crime commis par la reine au mépris de toute probité conjugale, de toute dignité royale, de toute fidélité d'amour.

A n'en pas douter, l'homme ainsi reçu dans le parc était un nouvel amant. Charny, dans la fièvre de la nuit, dans le délire de son désespoir, essaya en vain de se persuader que l'homme qui avait reçu la rose était un ambassadeur, et que la rose n'était rien qu'un gage de convention secrète, destiné à remplacer une lettre trop compromettante.

Rien ne put prévaloir contre le soupçon. Il ne resta plus au malheureux Olivier que d'examiner sa conduite à lui-même et de se demander pourquoi, en présence d'un pareil malheur, il était demeuré si complètement passif.

Avec un peu de réflexion, rien n'était plus facile que de comprendre l'instinct qui avait commandé cette passivité.

Dans les plus violentes crises de la vie, l'action jaillit momentanément du fond de la nature humaine, et cet instinct qui a donné l'impulsion n'est autre chose, chez les hommes bien organisés, qu'une combinaison de l'habitude et de la réflexion poussée à son plus haut degré de vitesse et d'opportunité. Si Charny n'avait pas agi, c'est que les affaires de la souveraine ne le regardaient point; c'est qu'en montrant sa curiosité, il montrait son amour; c'est qu'en compromettant la reine, il se trahissait, et que c'est une mauvaise posture auprès des traîtres qu'on veut convaincre que la trahison par réciproque.

S'il n'avait pas agi, c'est que, pour aborder un homme honoré de la confiance royale, il fallait risquer de tomber dans une querelle odieuse, de mauvais goût, dans une sorte de guet-apens que la reine n'eût jamais pardonné.

Enfin le mot monseigneur, lancé à la fin par la complaisante compagne, était comme l'avertissement salutaire, bien qu'un peu tardif, qui eût sauvé Charny en lui dessillant les yeux au plus fort de sa fureur. Que fût-il devenu, si, l'épée à la main, contre cet homme, il l'eût entendu appeler monseigneur? Et quel poids ne prenait pas sa faute en tombant d'une si grande hauteur?

Telles furent les pensées qui absorbèrent Charny durant toute la nuit et la première moitié du jour suivant. Une fois que midi eut sonné, la veille ne fut plus rien pour lui. Il ne resta plus que l'attente fiévreuse, dévorante de la nuit pendant laquelle d'autres révélations allaient peut-être se produire.

Avec quelle anxiété le pauvre Charny se plaça-t-il à cette fenêtre, devenue la demeure unique, le cadre infranchissable de sa vie. A le considérer sous ces pampres, derrière les trous percés dans le volet, car il craignait de laisser voir que sa maison fût habitée ; à le considérer, disons-nous, dans ce quadrilatère de chêne et de verdure, n'eût-on pas dit un de ces vieux portraits cachés sous les rideaux que jettent aux aïeux, dans les anciens manoirs, la pieuse sollicitude des familles?

Le soir vint, apportant à notre guetteur ardent les sombres désirs et les folles pensées.

Les bruits ordinaires lui parurent avoir des significations nouvelles. Il aperçut dans le lointain la reine qui traversait le perron avec quelques flambeaux portés devant elle. L'attitude de la reine lui sembla être pensive, incertaine, tout agitée de l'agitation de la nuit.

Peu à peu s'éteignirent toutes les lumières du service; le parc, silencieux, s'emplit de silence et de fraîcheur. Ne dirait-on pas que les arbres et les fleurs, qui se fatiguent le jour à s'épanouir pour plaire aux regards et caresser les passants, travaillent à réparer la nuit, quand nul ne les voit ni ne les touche, leur fraîcheur, leurs parfums et leur souplesse? C'est qu'en effet les bois et les plantes dorment comme nous.

Charny avait bien retenu l'heure du rendez-vous de la reine. Minuit sonna.

Le cœur de Charny faillit se briser dans sa poitrine. Il appuya sa chair sur la balustrade de la fenêtre pour étouffer les battements qui devenaient hauts et bruyants. Bientôt, se disait-il, la porte s'ouvrira, les verroux grinceront.

Rien ne troubla la paix du bois.

Charny s'étonna alors de penser pour la première fois que deux jours de suite les mêmes évènements n'arrivent pas. Que rien n'était obligatoire en cet amour, sinon l'amour lui-même, et que ceux-là seraient bien imprudents qui, prenant des habitudes aussi fortes, ne pourraient passer deux jours sans se voir.

— Secret aventuré, pensa Charny, quand la folie s'en mêle.

— Oui, c'était une vérité incontestable, la reine ne répéterait pas le lendemain l'imprudence de la veille.

Tout-à-coup les verroux crièrent, et la petite porte s'ouvrit.

Une pâleur mortelle envahit les joues d'Olivier, lorsqu'il aperçut les deux femmes dans le costume de la nuit précédente.

— Faut-il qu'elle soit éprise! murmura-t-il.

Les deux dames firent la même manœuvre qu'elles avaient faite la veille, et passèrent sous la fenêtre de Charny en hâtant le pas.

Lui, comme la veille, sauta en bas dès

qu'elles furent assez loin pour ne pas l'entendre; et tout en marchant derrière, chaque arbre un peu gros, il se jura d'être prudent, fort, impassible; de ne point oublier qu'il était le sujet, qu'elle était la reine; qu'il était un homme, c'est-à-dire obligé au respect; qu'elle était une femme, c'est-à-dire en droit d'exiger des égards.

Et comme il se défiait de son caractère fougueux, explosible, il jeta son épée derrière une touffe de mauves qui entourait un marronnier.

Cependant les deux dames étaient arrivées au même endroit que la veille. Comme la veille aussi, Charny reconnut la reine, et celle-ci s'enveloppa le front de sa calèche, tandis que l'officieuse amie allait chercher dans sa cachette l'inconnu qu'on appelait monseigneur.

Cette cachette, quelle était-elle? Voilà ce que se demanda Charny. Il y avait bien, dans la direction que prit la complaisante, la salle des bains d'Apollon, défendue par les hautes charmilles et l'ombre de ses pilastres de marbre ; mais comment l'étranger pouvait-il se cacher là? Par où entrait-il?

Charny se rappela que de ce côté du parc existait une petite porte semblable à celle que les dames ouvraient pour venir au rendez-vous. L'inconnu avait sans doute une clé de cette porte. Il se glissait par là jusque sous le couvert des bains d'Apollon, et là attendait qu'on vînt le chercher.

Tout était fixé de cette façon ; puis, c'était par la même petite porte que s'enfuyait Monseigneur après son colloque avec la reine.

Charny, au bout de quelques minutes, aperçut le manteau et le chapeau qu'il avait distingués la veille.

Cette fois l'inconnu ne marchait plus vers la reine avec la même réserve respectueuse : il venait à grands pas, n'osant pas courir; mais, marchant plus vite, il eût couru.

La reine, adossée à son grand arbre, s'assit sur le manteau que le nouveau Raleigh étendit pour elle, et tandis que l'amie vigilante faisait le guet, comme la veille, l'amoureux seigneur, s'agenouillant sur la mousse, commença à causer avec une rapidité passionnée.

La reine baissait la tête, en proie à une mélancolie amoureuse. Charny n'entendait pas les paroles même du cavalier, mais l'air des paroles était empreint de poésie et d'amour. Chacune des intonations pouvait se traduire par une protestation ardente.

La reine ne répondait rien. Cependant l'inconnu redoublait la caresse de ses discours, parfois il semblait à Charny, au misérable Charny, que la parole, enveloppée dans ce frissonnement harmonieux, allait éclater intelligible, et qu'alors il mourrait de rage et de jalousie. Mais, rien, rien. Au moment où la voix s'éclaircissait, un geste significatif de la compagne, aux écoutes, forçait l'orateur passionné à baisser le diapason de ses élégies.

La reine gardait un silence obstiné.

L'autre, entassant prières sur prières, ce que Charny devinait à la mélodie vibrante de ses inflexions, n'obtenait que le doux consentement du silence, insuffisante faveur pour les lèvres ardentes qui ont commencé à boire l'amour.

Mais soudain la reine laissa échapper quelques mots. Il faut le croire du moins. Paroles bien étouffées, bien éteintes, parce que l'inconnu seul put les entendre; mais à peine les eut-il entendues, que, dans l'excès de son ravissement, il s'écria de façon à se faire entendre lui-même :

— Merci, ô merci, ma douce Majesté ! Ainsi donc, à demain.

La reine cacha entièrement son visage, déjà si bien caché.

Charny sentit une sueur glacée, — la sueur de la mort, descendre lentement sur ses tempes en gouttes pesantes.

L'inconnu venait de voir les deux mains de la reine s'étendre vers lui. Il les saisit dans les siennes en y déposant un baiser si long et si tendre, que Charny connut pendant sa durée la souffrance de tous les supplices que la féroce humanité a dérobés aux barbaries infernales.

Ce baiser donné, la reine se leva vivement, et saisit le bras de sa compagne.

Toutes deux s'enfuirent en passant, comme la veille, auprès de Charny.

L'inconnu, fuyant de son côté, Charny, qui n'avait pu quitter le sol où le tenait enchaîné la prostration d'une douleur indicible, Charny perçut vaguement le bruit simultané de deux portes qui se refermaient.

Nous n'essaierons pas de dépeindre la

situation dans laquelle se trouva Charny après cette horrible découverte.

La nuit se passa pour lui en courses furieuses dans le parc, dans les allées auxquelles il reprochait avec désespoir leur criminelle complicité.

Charny, fou pendant quelques heures, ne retrouva sa raison qu'en heurtant dans sa course aveugle l'épée qu'il avait jetée pour n'avoir pas la tentation de s'en servir.

Cette lame, qui embarrassa ses pieds et causa sa chute, le rappela tout d'un coup au sentiment de sa force comme à celui de sa dignité. Un homme qui sent une épée dans sa main ne peut plus, s'il est encore fou, que se percer de cette épée ou en percer qui l'offense; il n'a plus le droit d'être faible ni d'avoir peur.

Charny redevint ce qu'il était toujours, un esprit sordide, un corps vigoureux. Il discontinua les courses insensées pendant lesquelles il se heurtait aux arbres, et marcha droit et en silence dans l'allée encore sillonnée par les pas des deux femmes et de l'inconnu.

Il alla visiter la place où la reine s'était assise. Les mousses, encore foulées, révélaient à Charny son malheur et le bonheur d'un autre! Au lieu de gémir, au lieu de laisser les fumées de la colère monter de nouveau à son front, Olivier se mit à réfléchir sur la nature de cet amour caché, et sur la qualité de la personne qui l'inspirait.

Il alla explorer les pas de ce seigneur avec la froide attention qu'il eût mise à examiner les passées d'une bête fauve. Il reconnut la porte derrière les bains d'Apollon. Il vit, en gravissant le chaperon du mur, des pieds de cheval et beaucoup de ravage dans l'herbe.

—Il vient par là! Il vient, non de Versailles mais de Paris, songea Ollivier. Il vient seul, et demain il reviendra, puisqu'on lui a dit : A demain.

Jusqu'à demain dévorons silencieusement, non plus les larmes qui coulent de mes yeux, mais le sang qui coule à flots de mon cœur.

Demain sera le dernier jour de ma vie, sinon je suis un lâche et je n'ai jamais aimé.

Allons, allons, fit-il en frappant doucément sur son cœur, comme le cavalier frappe sur le col de son coursier qui s'emporte, allons, du calme, de la force, puisque l'épreuve n'est pas terminée encore.

Cela dit, il jeta un dernier regard autour de lui, détourna les yeux du château, dans lequel il redoutait de voir éclairée la fenêtre de la perfide reine ; car cette lumière eût été un mensonge, une tache de plus.

En effet, la fenêtre éclairée ne signifie-t-elle pas chambre habitée ? et pourquoi mentir ainsi quand on a le droit de l'impudeur et du déshonneur, quand on a si peu de distance à franchir entre la honte cachée et le scandale public ?

La fenêtre de la reine était éclairée.

— Faire croire qu'elle est chez elle quand elle court le parc en compagnie d'un amant! — Vraiment, c'est de la chasteté en pure perte, fit Charny qui saccada ses paroles d'une ironie amère.

— Elle est trop bonne, cette reine, de dissimuler ainsi avec nous. Il est vrai peut-être qu'elle craint de contrarier son mari.

Et Charny, s'enfonçant les ongles dans les chairs, reprit à pas mesurés le chemin de sa maison.

— Ils ont dit : A demain, ajouta-t-il après avoir franchi le balcon. — Oui, à demain!... pour tout le monde, car demain nous serons quatre au rendez-vous, Madame!

X

Femme et Reine.

Le lendemain amena mêmes péripéties. La porte s'ouvrit au dernier coup de minuit. Les deux femmes parurent.

C'était, comme dans le conte arabe, cette assiduité des génies, obéissant aux talismans à heures fixes.

Charny avait pris toutes ses résolutions ; il voulait reconnaître ce soir-là le personnage heureux que favorisait la reine.

Fidèle à ses habitudes, bien qu'elles ne fussent pas invétérées, il marcha se cachant derrière les taillis ; mais, lorsqu'il fut arrivé à l'endroit où, depuis deux jours, la rencontre des amants avait lieu, il n'y trouva personne.

La compagne de la reine entraînait Sa Majesté vers les bains d'Apollon.

Une horrible anxiété, une toute nouvelle souffrance terrassa Charny. Dans son innocente probité, il ne s'était pas imaginé que le crime pût aller jusque-là.

La reine, souriant et chuchotant, marcha vers le sombre asile au seuil duquel l'attendait, les bras ouverts, le gentilhomme inconnu.

Elle entra, tendant aussi les bras. La grille de fer se referma sur elle.

La complice demeura en dehors, appuyée sur un cippe brisé tout moelleux de feuillages.

Charny avait mal calculé ses forces. Elles ne pouvaient résister à un semblable choc. Au moment où, dans sa rage, il allait se précipiter sur la confidente de la reine pour la démasquer, la reconnaître, l'injurier, l'étouffer peut-être, le sang afflua comme un torrent vainqueur à ses tempes, à sa gorge et l'étouffa.

Il tomba sur les mousses en râlant un faible soupir, qui alla troubler une seconde la tranquillité de cette sentinelle placée aux portes des bains d'Apollon.

Une hémorrhagie intérieure, causée par sa blessure qui s'était rouverte, l'étouffait.

Charny fut rappelé à la vie par le froid de la rosée, par l'humidité de la terre, par l'impression vivace de sa propre douleur.

Il se releva en trébuchant, reconnut les lieux, sa situation, se souvint, et chercha.

La sentinelle avait disparu, nul bruit ne se faisait entendre. Une horloge qui sonna deux heures dans Versailles, lui apprit que son évanouissement avait été bien long.

Sans aucun doute l'affreuse vision avait dû disparaître : reine, amant, suivante avaient eu le temps de fuir. Charny put s'en convaincre en regardant par-dessus le mur les traces récentes du départ d'un cavalier.

Ces vestiges et les brisures de quelques branches aux environ de la grille des bains d'Apollon composaient toute la conviction du pauvre Charny.

La nuit fut un long délire. Au matin, il ne s'était pas calmé.

Pâle comme un mort, vieilli de dix années, il appela son valet-de-chambre et se fit habiller de velours noir, comme un riche du tiers-état.

Sombre, muet, absorbant toutes ses douleurs, il s'achemina vers le château de Trianon au moment où la garde venait d'être relevée, c'est-à-dire vers dix heures.

La reine sortait de la chapelle où elle venait d'entendre la messe.

Sur son passage se baissaient respectueusement les têtes et les épées.

Charny vit quelques femmes, rouges de dépit, en trouvant que la reine était belle.

Belle, en effet, avec ses beaux cheveux relevés sur ses tempes. Sa figure aux traits fins, sa bouche souriante, ses yeux fatigués, mais brillants d'une douce clarté.

Tout à coup elle aperçut Charny à l'extrémité de la haie. Elle rougit et poussa un cri de surprise.

Charny ne baissa pas la tête. Il continua de regarder cette reine, qui lut dans son regard un nouveau malheur. Elle vint à lui.

— Je vous croyais dans vos terres, dit-elle sévèrement, monsieur de Charny.

— J'en suis revenu, Madame, dit-il dans un accent bref et presque impoli.

Elle s'arrêta stupéfaite ; elle à qui jamais une nuance n'échappait.

Après cet échange de regards et de paroles presque hostiles, elle se tourna du côté des femmes.

— Bonjour, comtesse, dit-elle avec amitié à Madame de La Mothe.

Et elle lui fit un clignement d'yeux tout familier.

Charny tressaillit. Il regarda plus attentivement.

Jeanne, inquiète de cette affectation, détourna la tête.

Charny la suivit comme eût fait un fou, jusqu'à ce qu'elle lui eût montré encore une fois son visage.

Puis il tourna autour d'elle en étudiant sa démarche.

La reine, saluant à droite et à gauche, suivait pourtant ce manége des deux observateurs.

— Aurait-il perdu la tête? pensa-t-elle. Pauvre garçon!

Et elle revint à lui.

—Comment vous trouvez-vous, monsieur de Charny? dit-elle d'une voix suave.

— Très bien, Madame, mais, Dieu merci, moins bien que Votre Majesté.

Et il salua de façon à épouvanter la reine plus qu'il ne l'avait surprise.

— Il y a quelque chose, dit Jeanne attentive.

— Où logez-vous donc à présent? reprit la reine.

— A Versailles, Madame, dit Olivier.

— Depuis combien de temps ?

— Depuis trois nuits, répondit le jeune homme en appuyant du regard, du geste et de la voix sur les mots.

La reine ne manifesta aucune émotion; Jeanne tressaillit.

— Est-ce que vous n'avez pas quelque chose à me dire? demanda la reine à Charny avec une douceur angélique.

— Oh! Madame, repliqua celui-ci, j'aurais trop de choses à dire à Votre Majesté.

— Venez! fit-elle brusquement.

— Veillons, pensa Jeanne.

La reine à grands pas marcha vers ses appartements. Chacun la suivit non moins agité qu'elle. Ce qui parut providentiel à madame de la Mothe, ce fut que Marie-Antoinette, pour éviter de paraître chercher un tête-à-tête, engagea quelques personnes à la suivre.

Au milieu de ces personnes se glissa Jeanne.

La reine arriva dans son appartement et congédia Madame de Misery et tout son service.

Il faisait un temps doux et voilé, le soleil ne perçait pas les nuages, mais il faisait filtrer sa chaleur et sa lumière au travers de leurs épaisses fourrures blanches et bleues,

La reine ouvrit la fenêtre qui donnait sur une petite terrasse; elle s'établit devant son chiffonnier chargé de lettres. Elle attendit.

Peu à peu, les personnes qui l'avaient suivie comprirent son désir d'être seule, et s'éloignèrent.

Charny, impatient, dévoré par la colère, froissait son chapeau dans ses mains.

— Parlez! parlez! dit la reine; vous paraissez bien troublé, Monsieur?

— Comment commencerai-je? dit Charny, qui pensait tout haut; comment oserai-je accuser l'honneur, accuser la foi, accuser la majesté ?

— Plait-il ? s'écria Marie-Antoinette en se retournant vivement avec un flamboyant regard.

— Et cependant, je ne dirai pas ce que j'ai vu ! continua Charny.

La reine se leva.

— Monsieur, dit-elle froidement, il est bien matin pour que je vous croie ivre ; et pourtant vous avez une attitude qui convient mal aux gentilshommes à jeûn.

Elle s'attendait à le voir écrasé par

cette méprisante apostrophe ; mais lui, immobile :

— Au fait, dit-il, qu'est-ce qu'une reine ? Une femme. Et moi, que suis-je ? Un homme aussi bien qu'un sujet.

— Monsieur !

— Madame, n'embrouillons point ce que j'ai à vous dire par une colère qui aboutirait à la folie. Je crois vous avoir prouvé que j'avais du respect pour la majesté royale ; je crains d'avoir prouvé que j'avais un amour insensé pour la personne de la reine. Ainsi, faites votre choix : à laquelle des deux, de la reine ou de la femme, voulez-vous que cet adorateur jette une accusation d'opprobre et de déloyauté ?

—Monsieur de Charny, s'écria la reine en pâlissant et en marchant vers le jeune homme, si vous ne sortez pas d'ici ; je vous ferai chasser par mes gardes.

— Je vais donc vous dire, avant d'être chassé, pourquoi vous êtes une reine indigne et une femme sans honneur, s'écria Charny ivre de fureur. Depuis trois nuits je vous suis dans votre parc !

Au lieu de la voir bondir comme il l'espérait sous ce coup terrible, Charny vit la reine lever la tête et s'approcher :

— Monsieur de Charny, dit-elle en lui prenant la main, vous êtes dans un état qui me fait pitié ; prenez garde, vos yeux étincellent, votre main tremble, la pâleur est sur vos joues, tout votre sang afflue au cœur. Vous souffrez, voulez-vous que j'appelle ?

— Je vous ai vue, vue, répéta-t-il froidement, vue avec cet homme quand vous lui avez donné la rose, vue quand il vous a baisé les mains, vue quand, avec lui, vous êtes entrée dans les bains d'Apollon.

La reine passa une main sur son front,

comme pour s'assurer qu'elle ne dormait pas.

— Voyons, dit-elle, asseyez-vous, car vous allez tomber si je ne vous retiens ; asseyez-vous, vous dis-je.

Charny se laissa tomber en effet sur un fauteuil, la reine s'assit auprès de lui sur un tabouret, puis, lui tenant les deux mains et le regardant jusqu'au fond de l'âme :

— Soyez calme dit-elle, apaisez le cœur et la tête et répétez-moi ce que vous venez de me dire.

— Oh! voulez-vous me tuer, murmura le malheureux.

— Laissez, que je vous questionne. Depuis quand êtes-vous revenu de vos terres?

— Depuis quinze jours.

— Où logez-vous?

— Dans la maison du louvetier que j'ai louée exprès.

— Ah! oui, la maison du suicide, aux limites du parc?

Charny affirma du geste.

— Vous parlez d'une personne que vous auriez vue avec moi?

— Je parle d'abord de vous, que j'ai vue.

— Où cela?

— Dans le parc.

— A quelle heure, quel jour?

— A minuit, mardi, pour la première fois.

— Vous m'avez vue?

— Comme je vous vois, et j'ai vu aussi celle qui vous accompagnait.

—Quelqu'un m'accompagnait? Reconnaîtriez-vous cette personne?

— Tout à l'heure il m'avait semblé la voir ici ; mais je n'oserais affirmer. La tournure seulement ressemble ; quant au visage, on le cache quand on a de ces crimes à commettre.

—Bien! dit la reine avec calme; vous n'avez pas reconnu ma compagne, mais moi...

—Oh! vous, Madame, je vous ai vue.. tenez... est-ce que je ne vous vois pas?

Elle frappa du pied avec anxiété.

— Et... ce compagnon, dit-elle, celui à qui j'ai donné une rose... car vous m'avez vu donner une rose.

— Oui : ce cavalier, jamais je ne l'ai pu joindre.

— Vous le connaissez, pourtant ?

— On l'appelle monseigneur ; c'est tout ce que je sais.

La reine frappa son front avec une fureur concentrée.

— Poursuivez, dit-elle ; mardi, j'ai donné une rose... et mercredi...?

— Mercredi, vous avez donné vos deux mains à baiser.

— Oh ! murmura-t-elle en se mordant les mains... Enfin, jeudi, hier...?

— Hier, vous avez passé une heure et demie dans la grotte d'Apollon avec cet homme, où votre compagne vous avait laissés seuls.

La reine se leva impétueusement.

— Et... vous... m'avez... vue ? dit-elle en saccadant chaque syllabe.

Charny leva une main au ciel pour jurer.

— Oh!... gronda la reine, emportée à son tour par la fureur... il le jure!

Charny répéta solennellement son geste accusateur?

— Moi? moi? dit la reine en se frappant le sein, moi, vous m'avez vue?

— Oui, vous, mardi, vous portiez votre robe verte à raies moirées d'or; mercredi, votre robe à grands ramages bleus et rouille. Hier, hier, la robe de soie feuille-morte dont vous étiez vêtue lorsque je vous ai baisé la main pour la première fois! C'est vous, c'est bien vous! Je meurs de douleur et de honte en vous disant sur ma vie, sur mon honneur, sur mon Dieu : C'était vous, madame ; c'était vous !

La reine se mit à marcher à grands pas sur la terrasse, peu soucieuse de laisser voir son agitation étrange aux spectateurs qui, d'en bas, la dévoraient des yeux.

— Si je faisais un serment, dit-elle... Si je jurais aussi par mon fils, par mon Dieu !... J'ai un Dieu comme vous, moi !... Non, il ne me croit pas !... Il ne me croirait pas !

Charny baissa la tête.

—Insensé! ajouta la reine en lui secouant la main avec énergie; et elle l'entraîna de la terrasse dans sa chambre.

—C'est donc une bien rare volupté que celle d'accuser une femme innocente, irréprochable; c'est donc un honneur bien éclatant que celui de déshonorer une reine... Me crois-tu, quand je te dis que ce n'est pas moi que tu as vue? Me crois-tu quand je te jure sur le Christ que, depuis trois jours, je n'ai pas sorti après quatre heures du soir? Veux-tu que je te fasse prouver par mes femmes, par le roi, qui m'a vue ici, que je ne pouvais être ailleurs? Non... non... il ne me croit pas! il ne me croit pas!

—J'ai vu! répliqua froidement Charny.

— Oh! s'écria tout à-coup la reine, je sais, je sais! Est-ce que déjà cette atroce calomnie ne m'a pas été jetée à la face? Est-ce qu'on ne m'a pas vue au bal de l'Opéra, scandalisant la cour? Est-ce qu'on ne m'a pas vue chez Mesmer, en extase, scandalisant les curieux et les filles de joie?... Vous le savez bien, vous qui vous êtes battu pour moi!

— Madame, en ce temps-là je me suis battu parce que je n'y croyais pas. Aujourd'hui, je me battrais parce que j'y crois.

La reine leva au ciel ses bras raidis par le désespoir, deux larmes brûlantes roulèrent de ses joues sur son sein !

— Mon Dieu ! dit-elle, envoyez-moi une pensée qui me sauve. Je ne veux pas que celui-là me méprise, ô mon Dieu !

Charny se sentit remué jusqu'au fond du cœur par cette simple et vigoureuse prière. Il cacha ses yeux dans ses deux mains.

La reine garda un instant le silence ; puis après avoir réfléchi :

— Monsieur, dit-elle, vous me devez

une réparation. Voici celle que j'exige de vous : Trois nuits de suite vous m'avez vue dans mon parc la nuit, en compagnie d'un homme. Vous saviez pourtant qu'on a déjà abusé de la ressemblance qu'une femme, je ne sais laquelle, a dans le visage et la démarche quelque chose de commun avec moi, moi, malheureuse reine ; mais puisque vous aimez mieux croire que c'est moi qui courais ainsi la nuit ; puisque vous direz que c'est moi, retournez dans le parc à la même heure ; retournez-y avec moi. Si c'est moi que vous avez vue hier, forcément, vous ne me verrez plus aujourd'hui, puisque je serai près de vous.

Si c'est une autre, pourquoi ne la reverrions-nous pas ensemble ? Et si nous la voyons.... Ah! monsieur, regretterez-vous tout ce que vous venez de me faire souffrir !

Charny serrant son cœur de ses deux mains :

— Vous faites trop pour moi, Madame, murmura-t-il; je mérite la mort : ne m'écrasez pas de votre bonté.

— Oh ! je vous écraserai avec des preuves, dit la reine. Pas un mot à qui que ce soit. Ce soir, à dix heures, attendez seul à la porte de la louveterie ce que j'aurai décidé pour vous convaincre. Allez, Monsieur, et ne laissez rien paraître au dehors.

Charny s'agenouilla sans dire un mot, et sortit.

Au bout du deuxième salon, il passa involontairement sous le regard de Jeanne, qui le couvait des yeux, et qui, au premier appel de la reine, se tint prête à entrer chez Sa Majesté avec tout le monde.

XI

Femme et démon.

Jeanne avait remarqué le trouble de Charny, la sollicitude de la reine, l'empressement de tous deux à lier conversation.

Pour une femme de la force de Jeanne, c'en était plus qu'il n'en fallait pour deviner beaucoup de choses ; nous n'avons pas besoin d'ajouter ce que tout le monde a compris déjà.

Après la rencontre ménagée par Cagliostro entre madame de la Mothe et Oliva, la comédie des trois dernières nuits peut se passer de commentaires.

Jeanne, rentrée auprès de la reine écouta, observa ; elle voulait démêler sur le visage de Marie-Antoinette les preuves de ce qu'elle soupçonnait.

Mais la reine était habituée depuis quelque temps à se défier de tout le monde. Elle ne laissa rien paraître. Jeanne en fut donc réduite aux conjectures.

Déjà elle avait commandé à un de ses laquais de suivre M. de Charny. Le valet revint, annonçant que M. le comte avait disparu dans une maison au bout du parc, auprès des charmilles.

Plus de doute, pensa Jeanne, cet homme est un amoureux qui a tout vu.

Elle entendit la reine dire à madame de Misery :

— Je me sens bien faible, ma chère Misery, et je me coucherai ce soir à huit heures.

Comme la dame d'honneur insistait :

— Je ne recevrai personne, ajouta la reine.

— C'est assez clair, se dit Jeanne : folle serait qui ne comprendrait pas.

La reine, en proie aux émotions de la scène qu'elle avait eue avec Charny, ne tarda pas à congédier toute sa suite. Jeanne s'en applaudit pour la première fois depuis son entrée à la cour.

— Les cartes sont brouillées, dit-elle ; à Paris ! Il est temps de défaire ce que j'ai fait.

Et elle partit aussitôt de Versailles.

Conduite chez elle, rue Saint-Claude, elle y trouva un superbe cadeau d'argenterie que le cardinal avait envoyé le matin même.

Quand elle eut donné à ce présent un coup d'œil indifférent, quoiqu'il fût de prix, elle regarda derrière le rideau chez Oliva, dont les fenêtres n'étaient pas encore ouvertes. Oliva dormait, fatiguée sans doute ; il faisait très chaud ce jour-là.

Jeanne se fit conduire chez le cardinal qu'elle trouva radieux, bouffi, insolent de joie et d'orgueil ; assis devant son riche bureau, chef-d'œuvre de Boule, il déchirait et récrivait sans se lasser une lettre qui commençait toujours de même et ne finissait jamais.

A l'annonce que fit le valet de chambre, monseigneur le cardinal s'écria :

— Chère comtesse !

Et il s'élança au-devant d'elle.

Jeanne reçut les baisers dont le prélat couvrit ses bras et ses mains. Elle se plaça commodément pour soutenir du mieux possible la conversation.

Monseigneur débuta par des protestations de reconnaissance, qui ne manquaient pas d'une éloquente sincérité.

Jeanne l'interrompit.

— Savez-vous, dit-elle, que vous êtes un délicat amant, Monseigneur, et que je vous remercie?

— Pourquoi ?

— Ce n'est pas pour le charmant cadeau que vous m'avez fait remettre ce matin ; c'est pour la précaution que vous avez eue de ne pas me l'envoyer dans la petite maison. Vrai, c'est délicat. Votre cœur ne se prostitue pas, il se donne.

— A qui parlera-t-on de délicatesse, si ce n'est à vous, répliqua le cardinal.

— Vous n'êtes pas un homme heureux, fit Jeanne ; vous êtes un dieu triomphant.

— Je l'avoue, et le bonheur m'effraie ; il me gêne ; il me rend insupportable la vue des autres hommes. Je me rappelle cette fable païenne du Jupiter fatigué de ses rayons.

Jeanne sourit.

— Vous venez de Versailles ? dit-il avidement.

— Oui.

— Vous... l'avez vue ?

— Je... la quitte.

— Elle... n'a... rien dit?

— Eh! que voulez-vous qu'elle dît?.

— Pardonnez ; ce n'est plus de la curiosité, c'est de la rage.

— Ne me demandez rien.

— Oh! comtesse.

— Non, vous dis-je.

— Comme vous annoncez cela ! On croirait à vous voir que vous apportez une mauvaise nouvelle.

— Monseigneur, ne me faites pas parler.

— Comtesse ! comtesse...

Et le cardinal pâlit.

— Un trop grand bonheur, dit-il, ressemble au point culminant d'une route de fortune ; à côté de l'apogée, il y a le commencement du déclin. Mais ne me ménagez point, s'il y a du malheur; il n'y en a point..., n'est-ce pas ?

— J'appellerai cela, au contraire, Monseigneur, un bien grand bonheur, répliqua Jeanne.

— Cela?... quoi cela?... que voulez-vous dire?... quelle chose est un bonheur?

— N'avoir pas été découvert, dit sèchement Jeanne.

— Oh!... Et il se mit à sourire. Avec des précautions, avec l'intelligence de deux cœurs et d'un esprit...

— Un esprit et deux cœurs, Monseigneur, n'empêchent jamais des yeux de voir dans les feuillages.

— On a vu! s'écria M. de Rohan effrayé.

— J'ai tout lieu de le croire.

— Alors... si l'on a vu, on a reconnu ?

— Oh! pour cela, Monseigneur, vous n'y pensez pas ; si l'on avait reconnu, si ce secret était au pouvoir de quelqu'un, Jeanne de Valois serait déjà au bout du monde, et vous, vous devriez être mort.

— C'est vrai. Toutes ces réticences, comtesse, me brûlent à petit feu. On a vu, soit. Mais on a vu des gens se promener dans un parc. Est-ce que cela n'est pas permis ?

— Demandez au roi.

— Le roi sait !

— Encore un coup, si le roi savait, vous seriez à la Bastille, moi à l'hôpital. Mais comme un malheur évité vaut deux bonheurs promis, je vous viens dire de ne pas tenter Dieu encore une fois.

— Plaît-il ? s'écria le cardinal ; que signifient vos paroles, chère comtesse ?

— Ne les comprenez-vous pas ?

— J'ai peur.

— Moi, j'aurais peur si vous ne me rassuriez.

— Que faut-il faire pour cela ?

— Ne plus aller à Versailles.

Le cardinal fit un bond.

— Le jour ? dit-il en souriant.

— Le jour d'abord, et ensuite la nuit !

M. de Rohan tressailit et quitta la main de la comtesse.

— Impossible, dit-il.

— A mon tour de vous regarder en face, répondit-elle ; vous avez dit, je crois, impossible. Pourquoi impossible, s'il vous plaît ?

— Parce que j'ai dans le cœur un amour qui ne finira qu'avec ma vie.

— Je m'en aperçois, interrompit-elle ironiquement, et c'est pour en arriver plus vite au résultat que vous persistez à retourner dans le parc. Oui, si vous y retournez, votre amour ne finira qu'avec votre vie, et tous deux seront tranchés du même coup.

— Que de terreurs, comtesse, vous si brave hier !

— J'ai la bravoure des bêtes. Je ne crains rien, tant qu'il n'y a pas de danger.

— Moi, j'ai la bravoure de ma race. Je ne suis heureux qu'en présence du danger même.

—Très bien ; mais alors permettez-moi de vous dire...

— Rien comtesse, rien, s'écria l'amoureux prélat, le sacrifice est fait, le sort est

jeté; la mort si l'on veut, mais l'amour!
Je retournerai à Versailles.

— Tout seul, dit la comtesse.

— Vous m'abandonneriez? dit M. de Rohan d'un ton de reproche.

— Moi, d'abord.

— Elle viendra, elle.

— Vous vous trompez, elle ne viendra pas.

— Viendriez-vous m'annoncer cela de

sa part? dit en tremblant le cardinal.

— C'est le coup que je cherchais à vous atténuer depuis une demi-heure

— Elle ne veut plus me voir?

— Jamais, et c'est moi qui le lui ai conseillé.

— Madame, dit le prélat d'un ton pénétré, c'est mal à vous d'enfoncer le couteau dans un cœur que vous savez si tendre.

— Ce serait bien plus mal, Monseigneur, à moi, de laisser deux folles créatures se perdre faute d'un bon conseil. Je le donne, profite qui voudra.

— Comtesse, comtesse, plutôt mourir.

— Cela vous regarde, et c'est aisé.

— Mourir pour mourir, dit le cardinal d'une voix sombre, j'aime mieux la fin du réprouvé. Béni soit l'enfer où je trouverai ma complice!

— Saint prélat, vous blasphémez, dit la comtesse; sujet, vous détrônez votre reine! homme, vous perdez une femme!

Le cardinal saisit la comtesse par la main, et lui parlant avec délire :

— Avouez qu'elle ne vous a pas dit cela! s'écria-t-il, et qu'elle ne me reniera pas ainsi.

— Je vous parle en son nom.

— C'est un délai qu'elle demande.

— Prenez-le comme vous voudrez ; mais observez son ordre.

— Le parc n'est pas le seul endroit où l'on puisse se voir, — il y a mille endroits plus sûrs. — La reine est venue chez vous, enfin !

— Monseigneur, pas un mot de plus ; je porte en moi un poids mortel, celui de votre secret. Je ne me sens pas de force à le porter longtemps. Ce que vos indiscrétions, ce que le hasard, ce que la malveillance d'un ennemi ne feront pas, les remords le feront. Je la sais capable, voyez-vous, de tout avouer au roi dans un moment de désespoir.

— Bon Dieu ! est-il possible ! s'écria M. de Rohan ; elle ferait cela !

— Si vous la voyiez, elle vous ferait pitié.

Le cardinal se leva précipitamment.

— Que faire? dit-il.

— Lui donner la consolation du silence.

— Elle croira que je l'ai oubliée.

Jeanne haussa les épaules.

— Elle m'accusera d'être un lâche.

— Lâche pour la sauver, jamais.

— Une femme pardonne-t-elle qu'on se prive de sa présence?

— Ne jugez pas celle-là comme vous me jugeriez.

— Je la juge grande et forte. Je l'aime pour sa vaillance et son noble cœur. Elle peut donc compter sur moi comme je compte sur elle. Une dernière fois je la verrai ; elle saura ma pensée entière, et ce qu'elle aura décidé après m'avoir entendu, je l'accomplirai comme je ferais d'un vœu sacré.

Jeanne se leva.

— Comme il vous plaira, dit-elle. Allez ! seulement vous irez seul. J'ai jeté la clé du parc dans la Seine, en revenant aujourd'hui. Vous irez donc tout à votre aise à Versailles, tandis que moi je vais partir pour la Suisse ou pour la Hollande. Plus je serai loin de la bombe, moins j'en craindrai les éclats.

— Comtesse ! vous me laisseriez, vous m'abandonneriez ! Oh ! mon Dieu ! mais avec qui parlerai-je d'elle ?

Jeanne ici recorda les scènes de Molière ; jamais plus insensé Valère n'avait donné à plus rusée Dorine de plus commodes répliques.

— N'avez-vous pas le parc et les échos ?

dit Jeanne; vous leur apprendrez le nom d'Amaryllis.

— Comtesse, ayez pitié. Je suis au désespoir, dit le prélat avec un accent parti du cœur.

— Eh bien ! répliqua Jeanne avec l'énergie toute brutale du chirurgien qui décide l'amputation d'un membre : si vous êtes au désespoir, monsieur de Rohan, ne vous laissez donc pas aller à des enfantillages plus dangereux que la poudre, que la peste, que la mort ! Si vous tenez tant à cette femme, conservez-vous la, au lieu de la perdre, et si vous ne manquez pas absolument de cœur et de mémoire, ne risquez pas d'englober dans votre ruine ceux qui vous ont servi par amitié. Moi je ne joue pas avec le feu. Me jurez-vous de ne pas faire un pas pour voir la reine? Seulement la voir, entendez-vous? Je ne dis pas lui parler d'ici à quinze jours; le jurez-vous? je reste et je pourrai vous servir encore. Etes-vous décidé à tout braver pour enfreindre ma défense et la sienne? Je le saurai, et dix minutes après je pars! Vous vous en tirerez comme vous pourrez.

— C'est affreux, murmura le cardinal,

la chute est écrasante; tomber de ce bonheur. Oh! j'en mourrai.

— Allons donc, glissa Jeanne à son oreille; vous n'aimez que par amour-propre ailleurs.

— Aujourd'hui c'est par amour, répliqua le cardinal.

— Souffrez alors aujourd'hui, dit Jeanne; c'est une condition de l'état. Voyons, Monseigneur, décidez-vous; resté-je ici? suis-je sur la route de Lausanne?

— Restez, comtesse, mais trouvez-moi un calmant. La plaie est trop douloureuse.

— Jurez-vous de m'obéir?

— Foi de Rohan!

— Bon! votre calmant est tout trouvé. Je vous défends les entrevues, mais je ne défends pas les lettres.

— En vérité! s'écria l'insensé, ranimé par cet espoir. Je pourrai écrire?

— Essayez.

— Et..... elle me répondrait?

— J'essaierai.

— Le cardinal dévora de baisers la main de Jeanne. Il l'appela son ange tutélaire.

Il dut bien rire le démon qui habitait dans le cœur de la comtesse.

FIN DU HUITIÈME VOLUME.

TABLE

Chap. I. Le débiteur et le créancier 1
II. Comptes de ménage 25
III. Marie-Antoinette reine, Jeanne de La Mothe femme 45
IV. Le reçu de Bœhmer et la reconnaissance de la reine 73
V. La Prisonnière 105
VI. L'observatoire 141
VII. Les deux voisines 169
VIII Le rendez-vous 197
IX. La main de la reine 225
X. Femme et reine 249
XI. Femme et démon 281

EN VENTE

LES BELLES DE NUIT
Par PAUL FÉVAL. — 2 vol in-8.

LES ILES DE GLACE
Par G. DE LA LANDELLE. — 4 vol. in-8.

JACQUES DE BRANCION
Par le Marquis DE FOUDRAS. — 5 vol. in-8.

LES CONFESSIONS D'UN BOHÊME
Par X. DE MONTÉPIN. — 5 vol. in-8.

HÉLÈNE
Par Madame Charles REYBAUD. — 2 vol. in-8.

UN CAPRICE DE GRANDE DAME
Par le Marquis DE FOUDRAS. — 3 vol. in-8

UN MARI CONFIDENT
Par Mme SOPHIE GAY. — 2 vol. in-8.

TRISTAN LE ROUX
Par A. DUMAS fils. — 3 vol. in-8.

LOUIS XV
Par ALEXANDRE DUMAS. — 5 vol. in-8.

www.ingramcontent.com/pod-product-compliance
Lightning Source LLC
Chambersburg PA
CBHW071254160426
43196CB00009B/1284